I0112316

LE

GENTILHOMME

NORMAND.

AMIENS, DE L'IMPRIMERIE DE J. BOUDON-CARON,
PLACE DE LA MAIRIE, N°. 6.

LE
GENTILHOMME
NORMAND,

Par Raban.

TOME TROISIÈME.

PARIS,

A. Thoisnier-Desplaces, Libraire,
rue de l'Abbaye-St.-Germain, n°. 14.

1829.

LE
GENTILHOMME
NORMAND.

●●●●●●●●●●●●●●●●●●●●●●●●●●●●●●●●●●●

CHAPITRE PREMIER.

—

LE CLUB.

—

« Rappelez - vous, mes amis,
» que le Seigneur dit à son peuple :
» *vous chanterez mes louanges, et*
» *vous me servirez, car je suis le*
» *Seigneur votre Dieu.* Et le peuple
» fit ce que voulait le Seigneur. Les

» gentilhommes ne sont pas des
» Dieux ; c'est vrai, mais ils sont les
» seigneurs et maîtres des petits bour-
» geois ; ils ne leur enverront ni la
» peste, ni la guerre, ni la famine ;
» mais ils ne laisseront pas de les cor-
» riger convenablement, lorsque les
» petits bourgeois s'aviseront de faire
» les mutins, et de parler plus haut
» que l'ordonnance ne le porte.

» Savez-vous bien, mes petits
» messieurs, que nos aïeux cou-
» chaient avec vos grand'mères
» quand ils le voulaient, et qu'ils
» faisaient donner les étrivières à vos
» grands pères lorsque ceux-ci trou-
» vaient mauvais l'honneur qu'on
» faisait à leurs femmes....

» Je sais que le plus grand nom-
» bre d'entre vous est animé de bons

» sentimens; je sais qu'à l'exception
» de quelques mauvaises têtes vous
» êtes tous d'honnêtes bourgeois qui
» trouvez bon qu'on paie la dîme et
» les redevances, et qui trouvez mau-
» vais qu'on veuille empêcher un
» gentilhomme d'avoir des aïeux, des
» titres et des vassaux; et voilà pour-
» quoi je ne désespère pas de vous
» ramener dans la bonne voie.

» Vous devez savoir, de votre
» côté, qu'il n'est pas permis à tout
» le monde d'aller à Corinthe : tout
» le monde non plus ne peut être
» noble, comme tout le monde ne
» peut être roturier; et puisque le
» proverbe dit qu'à moitié bien il
» faut s'y tenir, je pense que vous
» ferez bien de rester comme vous
» êtes. Et, en effet, de quoi diable

» vous avisez-vous d'avoir plus d'es-
» prit que nous?... Savez-vous com-
» bien il en coûte pour avoir de l'es-
» prit?..... je suis sûr que vous ne le
» savez pas ; mais je le sais, moi qui
» vous parle, car j'ai payé le mien
» quatre mille cinq cents livres, ar-
» gent de France ; et savez-vous tout
» le fruit que j'ai tiré de cette acqui-
» sition ?.... quelques mois de séjour
» à la Bastille et aux petites-maisons.

   » Ah ! mes amis, croyez-moi, res-
» tez sots, car il y a plus de profit.

   » Rappelez - vous ces paroles :
» *Bienheureux les pauvres d'esprit ;*
» *car le royaume du ciel est à eux.*
» cela est mot d'évangile, mes amis :
» vous aurez le royaume du ciel :
» c'est comme si le notaire y avait
» passé. Ce royaume, vous en con-

» viendrez, doit être un assez beau
» morceau, et il faudrait que vous
» fussiez bien difficiles pour ne pas
» vous en contenter; mais n'oubliez
» pas que c'est en vous laissant gou-
» verner dans ce monde que vous
» acquerrez le droit de vous gou-
» verner dans l'autre.....

A ces mots, l'orage qui grondait sur la tête de l'orateur éclata ; presque tous les membres de l'assemblée se levèrent à la fois et interpellèrent du Maigret en termes des plus énergiques. Chrysostôme s'arrêta tout à coup ; mais comme le Champagne agissait encore un peu sur son cerveau, il ne quitta pas la tribune, et reprenant la parole, il s'écria :

« Je vois bien que vous n'êtes pas
» convaincus, et que vous ne sentez

» pas tous les avantages de l'obéis-
» sance ; mais un homme comme moi
» dont la noblesse remonte à Guil-
» laume le conquérant, et qui ai étu-
» dié pendant quinze ans pour ap-
» prendre à commander ; un homme
» comme moi ne s'effraie pas facile-
» ment : corbleu ! vous êtes des sé-
» ditieux, et si j'étais roi de France
» seulement pendant vingt - quatre
» heures, je vous ferais bien voir,
» vilains que vous êtes, que l'obéis-
» sance est votre lot......

Ici, il se fit parmi l'auditoire un
si grand bruit que Chrysostôme fut
obligé de se taire de nouveau, et qu'on
n'entendit pendant quelques instans
qu'un bruit confus de voix. Au milieu des imprécations de toute espèce,
on distinguait parfaitement le cri fatal :

à la lanterne! et en une seconde , la tribune fut entourée de furieux qui semblaient se disputer l'honneur de porter les premiers coups au malencontreux orateur. Durainville voyant la mauvaise tournure que prenait cette affaire, battit prudemment en retraite.

— J'ai eu tort, se dit-il, j'ai pris cet homme pour un enthousiaste, et ce n'est qu'un imbécile : il a dit des sottises, cela le regarde ; il est capable de me mettre en jeu, et Dieu sait comment je m'en tirerais ; car ces gens-là sont loin d'être aussi bien disposés que je le croyais, et mon ami avait raison de dire que c'était jouer sa vie que tenter de les ramener dans le bon chemin. Il est triste de renoncer à de belles espérances ; mais ils n'est pas gai de se faire pendre, et tout bien considéré je vivrai tranquille et je laisserai aller les événemens. Après tout, il est impossible que le peuple soit long-temps le maître.: nous reprendrons l'offensive, cela est certain, et alors nous traiterons les mutins comme ils le méritent.

Ainsi parlait en sortant du club le fermier-général, et quelques mois après, sa tête avait roulé sur l'échafaud.

Cependant du Maigret était dans une position très-critique : l'une de ces femmes qui décorées d'une large cocarde assistaient aux assemblées populaires en tricotant des bas ; l'une de ces femmes, dis-je, était montée à la tribune où le pauvre Chrysostôme faisait piteuse mine et regrettait fort de s'être embarqué dans cette affaire.

— Citoyens, dit la tricoteuse, vous voyez bien que ce brave homme là s'est trompé de porte ; il croyait être dans une église, et il nous a fait un sermon ; il nous a cru de la St.-Jean, et il a voulu nous entortiller ; mais heureusement ça ne peut pas prendre : le peuple a été *vesqué* assez long-temps, et il ne se laisse plus prendre à ces beaux discours qui ne sont que des attrapes nigauds, et quand j'ai entendu ce grand sermoneur là nous parler de *royaume* et d'*obéissance*, il m'a pris une certaine démangeaison de lui arracher les yeux ; car je suis, Dieu merci, bonne patriote, et je peux même dire *sans-culotte;* mais en vérité, ce cher homme de Dieu fait pitié ; regardez-le, citoyens, et

dites-moi s'il n'a pas l'air d'un abbé
confit......

A ces mots, quelques éclats de
rire s'échappèrent de la troupe rassemblée autour de la tribune; mais
les vociférations reprirent bientôt le
dessus; deux ou trois mauvais garnemens saisirent du Maigret par le col-
let, le traînèrent au milieu de la salle,
et les cris *à la lanterne!* recommen-
cèrent avec plus de fureur. Chrysostôme que les vapeurs du Champagne
ne soutenaient plus, Chrysostôme,
pâle, tremblant, à demi-mort, cherchait des yeux parmi la foule l'être
méprisable qui l'abandonnait après
l'avoir entraîné dans l'abîme, et ne
le voyant pas il leva les yeux au ciel
en s'écriant. — Ah! Bazile! Bazile!
c'est vous qui m'avez perdu! si je n'a-

vais pas tant d'esprit, je ne serais pas en si piteux état ; et si vous ne m'en aviez pas vendu, je m'en serais passé. En ce moment il plut sur le pauvre Chrysostôme une grêle de coups qui lui ôtèrent la parole. Déjà on était arrivé dans la rue, le réverbère le plus voisin était descendu, et on se disposait à le remplacer par notre héros. L'aspect de la mort donne à Chrysostôme le courage du désespoir ; une lutte s'engage entre lui et les cannibales qui l'entourent. Pendant quelques instans, du Maigret se défend avec vigueur ; mais accablé par le nombre, il tombe sur le pavé en s'écriant de nouveau : — Bazile, Bazile! tu répondras de ma mort...... c'est ton maudit esprit qui me tue......

Il n'en dit pas davantage, les ap-

prêts du supplice sont terminés; la
corde fatale est passée autour du cou
de Chrysostôme, et une demi-douzaine de furieux vont lancer notre
héros dans l'éternité. C'en était fait du
seigneur du Maigret, lorsque tout à
coup les cris : arrêtez ! arrêtez se firent
entendre ; un homme se précipita au
milieu de la foule, et au lieu de s'opposer à son passage, la populace s'arrêta, se tut et attendit avec un certain respect que le nouveau venu
s'expliquât.

— Misérables, dit ce personnage
en ôtant du cou de Chrysostôme la
corde qu'on y avait passée, misérables, vous êtes dignes des galères et
de la roue, plutôt que de la liberté;
vous gâtez vos affaires au lieu de les
avancer, et vous mériteriez d'être

abandonnés des hommes sensés qui ont résolu de vous affranchir de la servitude. Pour moi qui ai consacré tant de veilles à la défense de votre cause, je vous déclare que si de pareilles scènes se renouvellent......

En ce moment, du Maigret dégagé de ses liens se jeta dans les bras de son libérateur en s'écriant. — Bazile! Bazile!.... Il n'en put dire davantage; ses forces l'abandonnèrent, et il tomba sans mouvement aux pieds de son précepteur; car c'était effectivement l'abbé qui venait d'arracher d'une manière presque miraculeuse son ancien élève à la mort. Nous avons déjà dit que Bazile, à l'aide du journal qu'il publiait, s'était fait parmi le peuple une réputation colossale; afin d'agrandir encore cette réputation, et de donner à l'opinion la direction qui convenait à ses vues, il fréquentait les clubs et presque toutes les assemblées où l'on s'occupait de politique ; et il se trouvait être le membre le plus influent du burlesque aréopage que du Maigret avait harangué. Muni d'un discours à effet, dans lequel les mots *patrie*, *liberté*, *égalité*, étaient répétés à chaque phrase, il se rendait à la séance, lorsqu'il entendit prononcer son nom au milieu d'un groupe nombreux près duquel il passait ; fort de la considération dont il était environné, il n'hésita pas à percer la foule, et grâce à lui, la modeste lanterne avait repris sa place.

CHAPITRE II.

LES MÉDECINS. — LES SUSPECTS.

Il était temps, pour le seigneur du Maigret, et pour son historien, que l'abbé Bazile arrivât sur le lieu où se passait la scène que je viens de rapporter. Je dis pour du Maigret, car il eût été pendu, et pour son historien, car il ne pourrait, si ce malheur fût arrivé, vous raconter, lecteur très-bénin, les aventures de ce personnage.

Vous n'eussiez rien perdu à cela, di-
rez-vous? à la bonne heure; mais
moi, chétif........

J'écris, lecteur, pour charmer
tout-à-la fois vos loisirs et les miens,
et je suis au moins certain de remplir
la moitié de ma tâche : bien des gens
n'en pourraient dire autant....

Revenons donc au seigneur Chrysostôme qui n'est pas pendu, grâce
à Dieu; mais que nous avons laissé,
s'il m'en souvient bien, dans un état
très-alarmant.

La foule s'étant dispersée, Bazile
fit avancer un fiacre, avec l'aide du
cocher, il y plaça son élève, s'assit
près de lui, et se fit conduire à son
domicile, où ils arrivèrent avant que
du Maigret fût revenu de son évanouissement.

— Vite, cria Bazile en apercevant Amélie, que l'on aille chercher un médecin, et que l'on prépare un lit.

Amélie est effrayée ; tous les domestiques sont sur pieds en un instant : je dis tous les domestiques ; car Bazile en avait depuis qu'il s'était fait journaliste ; et au bout de dix minutes le lit du malade était entouré de trois médecins qui parvinrent, non sans beaucoup de peine, à faire reprendre à Chrysostôme l'usage de ses sens. Puis les disciples d'Hyppocrate commencèrent à disputer sur la cause de la maladie, ses effets et le résultat probable. L'un soutenait que c'était une attaque d'apoplexie ; l'autre voulait que ce fût une paralysie, et chacun soutenait son opinion avec feu, lorsque le plus jeune des trois qui ne s'était pas encore prononcé, prit gravement la parole et dit :

— Messieurs, je vois, d'après ce que vous dites, que vous faites encore l'ancienne médecine : il n'est pas étonnant que vous soyez tous deux dans l'erreur : je soutiens, moi, et je prouverai a qui de droit, que la situation de la personne pour laquelle nous sommes appelés, vient de ce que le sujet a passé de l'état physiologique à l'état pathologique, ce qui ne manque jamais d'arriver lorsqu'un homme qui se portait bien est tombé malade (1)..... J'espère, messieurs, con-

_____

(1) Lecteur qui souriez, vous voudriez savoir sous quel bonnet j'ai pris ce mot digne de M. Lapalice? Et bien! mon cher, je l'ai pris sous un bonnet de docteur, et de docteur

tinuä-t il en relevant sa cravate, passant sa main dans ses cheveux, et se caressant le menton, j'espère que vous serez promptement convaincus de la vérité de ce que j'avance, et que vous conviendrez que le sujet est dans un état complet de pathologie....

— Mon cher confrère, dit à demi-voix l'un des deux médecins, mon cher confrère, nous sommes perdus : je vois

---

journaliste : si vous voulez vous en convaincre, lisez les *annales* de médecine de 1824 et vous y trouverez cette phrase remarquable : *En général, les maladies viennent de ce que les sujets passent de l'état physiologique à l'état pathologique.* Ce qui veut dire, en bon français que l'on n'est jamais malade que lorsque l'on a passé de l'état de santé à l'état de maladie.... ô Molière ! où es-tu !....

que les modernes enchérissent encore
sur nous ; nous nous contentions du
latin, et il leur faut du grec : ils le pla-
cent partout aussi bien que leurs
sang-sues qui sont de mode aujour-
comme les clystères l'étaient, ily a
quarante ans.

— Monsieur, dit-il ensuite au jeune
docteur, vous parlez fort bien ; mais
on ne guérit pas les malades avec du
grec.

— Pourquoi non, puisqu'on les
tuait autrefois avec le latin ?

— Jeune présomptueux ! vous.....

— Messieurs, messieurs, s'écria
Bazile qui était entré dans la chambre
du malade, il ne s'agit pas de tuer en
grec ni en latin ; mais c'est en bon
français qu'il faut vous hâter de secourir votre compatriote.

— Monsieur, reprit le vieux médecin, croyez-vous que l'honneur de
l'ancienne faculté......

— Votre faculté était une sotte,
dit le jeune docteur.

— Et vous un impertinent, repli-
qua le vétéran d'Esculape; un jeune
fat qui avez volé votre diplome, et
qui vous croyez l'égal d'Hyppocrate
parce que vous écorchez le grec.

— Corbleu! vieux pédant, votre
routine en a écorché bien d'autres...

A ces mots, les vieux médecins
s'élancèrent vers le jeune, et ces sa-
vants allaient décider à coups de poings
laquelle de l'ancienne ou de la nouvelle doctrine était la meilleure, lorsque Bazile se jetant entre eux leur dit:

— Messieurs de l'ancienne faculté,
vous êtes des sots, et vous, docteur

de fraîche date, vous êtes un ignorant; le malade n'est attaqué ni de paralysie, ni d'apoplexie; il n'a besoin pour recouvrer la santé, ni de grec, ni de latin : voilà, continua-t-il en jetant quelques pièces d'or sur une table, voilà pour votre visite que je vous engage fort à ne pas prolonger.

Les médecins voulurent repliquer; mais Bazile ordonna à un valet de chambre de prendre un flambeau pour les conduire, s'inquiétant peu de ce qui se passerait entre eux lorsqu'ils seraient dehors.

Cependant, Chrysostôme avait peu à peu repris ses sens, et il se trouva bientôt en état de quitter le lit sur lequel on l'avait déposé.

—Ah! mon cher maître, s'écria-t-

il en se jetant dans les bras de Bazile, mon cher maître, je vous dois
la vie, et je ne l'oublierai jamais. Je
vous ai autrefois manqué de respect,
et je vous en demande sincèrement
pardon........ Mais comment se fait-il
que je vous retrouve dans une maison
si opulente, et dont vous paraissez
être le maître?..... comment se fait-il
que ces enragés qui voulaient ma
mort se soient tout-à-coup calmés
lorsqu'ils vous ont vu?.... Vous avez
de l'esprit, c'est vrai, mais j'en ai
aussi, moi, et il ne m'arrive que des
mésaventures.

— Mon ami, répondit Bazile, il
vous sera facile de faire comme moi :
suivez le torrent; sachez profiter de
la circonstance : voilà tout le secret
pour devenir riche et puissant : il n'y

a pas encore bien long-temps que je l'ai trouvé, et vous voyez ce qui en est arrivé. Je suis riche ; le bruit de mon nom fatigue la renommée ; je suis aimé d'une femme charmante à laquelle, je l'espère, des nœuds indissolubles m'uniront bientôt...... hé bien, pour arriver à ce point, j'ai marché avec le siècle, et voilà tout....

— Que diable me dites-vous donc là ? mon cher professeur ; vous allez épouser une femme charmante !......... vous?..... l'abbé Bazile, l'ancien chapelain du château Maigret?.....

— Je vous l'ai dit, mon ami, je marche avec le siècle : il m'a déjà fait faire beaucoup de chemin en peu de temps, et j'espère qu'il me conduira au port du bonheur..... vous verrez, j'en suis sûr, des choses plus extraordinaires encore...

— Et que voulez-vous que je voie de plus surprenant que le mariage d'un abbé ?...En vérité je ne conçois rien à ce que vous dites, et je crains fort que ce siècle qui vous fait marcher si vite, vous conduise aux petites maisons, où vous ne serez pas à votre aise, je vous le garantis.

— Il y a un an, reprit Bazile, ce discours m'eût offensé et maintenant je puis l'entendre tranquillement. Je ne suis pas fou, mon cher Chrysostôme; seulement je ne suis plus le même homme...... un ange m'est apparu ; un sentiment nouveau s'est éveillé en moi; il m'a élevé l'âme ; il a agrandi mes facultés; il m'a rendu meilleur: j'ai senti que j'étais homme, et j'ai entrevu le bonheur......

— Miséricorde ! M. Bazile, auriez-vous la fièvre chaude?...... Il a vu un ange!... ah! mon pauvre maître! vous qui m'avez enseigné de si belles choses qui ne m'ont servi à rien ; vous qui m'avez rendu savant, et qui m'avez empêché d'être pendu ; vous, le plus sage des professeurs et le plus estimable chapelain de la province de Normandie, faut-il que je vous entende battre la campagne.....

— Seigneur du Maïgret, calmez-vous, je vous en conjure, et soyez tranquille sur ma santé. Ce qui vous paraît maintenant si extraordinaire, est la chose du monde la plus simple : cet ange dont je vous parle, c'est une femme ; une femme que j'ai arrachée à la mort ; une femme que j'adore, qui me paie du plus tendre retour...... la voici, continua-t-il en montrant à

Chrysostôme la jeune orpheline qui entra dans ce moment pour s'informer de la santé du malade.

— Miséricorde! mon cher professeur, seriez-vous donc devenu un renégat?.... J'ai bien ouï dire qu'une femme était capable de damner le plus saint homme; mais j'étais bien loin de penser que cela pût s'appliquer à l'abbé Bazile : je me rappelle encore l'histoire des succubes et des incubes que vous m'avez dans le temps racontée cent fois; mais vous qui connaissiez tout cela beaucoup mieux que moi, comment avez-vous pu vous y laisser prendre?...

Du Maigret dit encore beaucoup d'autres belles choses, adressa cent autres questions à son maître, et fit valoir une infinité de bonnes raisons

que je pourrais bien consigner ici,
mais que je vous laisse à deviner,
lecteur benin, et j'ai, pour en agir
ainsi, des motifs de très-bon aloi.

Pour toute réponse, Bazile regarda
son élève, d'un air sévère, et lui dit.

— Un homme de mon âge et de mon
caractère doit savoir ce qu'il fait.
Vous serez témoin de choses plus extraordinaires que celles qui aujour-
d'hui vous causent tant de surprises.
Lorsque le tendre regard d'une jeune
fille aura fait battre votre cœur, vous
pourrez alors me juger, et ma conduite vous paraîtra naturelle.

— S'il ne s'agit que de cela, mon
cher professeur, je dois avoir le ju-
gement très-sain ; car je vous assure
que la belle marquise de C..... a produit sur moi l'impression dont vous

parlez : c'est une très-jolie femme qui n'est pas cruelle, et j'aurais eu déjà le courage de lui dire que le cœur d'un du Maigret était sensible à ses charmes, si un certain baron de Bois-clairet, ferrailleur déterminé, joli garçon du reste, ne m'avait paru dis-posé à défendre la place..... Ce n'est pas que je manque de courage; j'en ai maintenant autant que d'esprit, et ce qui m'est arrivé aujourd'hui en est une preuve incontestable; mais, mon cher professeur, vous m'avez répété cent fois que *le courage n'est courage qu'autant qu'il est utile,* et j'ai tout lieu de penser que le mien serait tout à fait inutile dans cette circonstance, attendu que la mar-quise est folle du baron. Quoi qu'il en soit, je n'en suis pas moins charmé de vous avoir retrouvé ; je vous devais déjà mon esprit, maintenant je vous dois la vie ; mon père vous a donné pour l'un quatre mille cinq cents livres, et moi pour prix du dernier service, je vous jure une amitié et une reconnaissance éternelles... Mais comment diable se fait-il que je vous retrouve dans une situation si brillante, après ce qui nous est arrivé ; cela me semble tenir du prodige ; est-ce que vous auriez trouvé la pierre philosophale ?....

— Oui, mon cher Chrysostôme, et il ne tiendra qu'à vous de participer à la trouvaille : il est vrai qu'après ce qui vient de se passer, il me sera un peu difficile de vous mettre en bonne odeur parmi les nôtres ; mais cela pourtant n'est pas impossible.

Vous parlez bien : vous ferez quelques discours dans le sens que je vous dirai ; vous écrirez des articles dans mon journal ; vous déclamerez contre tout le monde, excepté les gens puissans, et je réponds de votre fortune. Répéter sans cesse que le peuple a des droits ; que la souveraineté émane du peuple ; que le peuple est le seul souverain véritable ; il n'en faut pas davantage aujourd'hui pour faire fortune.

— M. Bazile! s'écria Chrysostôme, oubliez-vous que vous parlez au meilleur gentilhomme de la province de Normandie?...... Quoi! moi, seul et unique rejeton de la souche des du Maigret, et par conséquent chef aujourd'hui de cette illustre famille, je me reconnaîtrais vassal de cette sotte

canaille?... corbleu! monsieur l'abbé,
je ne pense pas que vous me disiez
cela sérieusement.... l'honneur avant
tout, un gentilhomme ne sort pas de
là, et quand je devrais m'ensevelir
sous les ruines du château Maigret
pour conserver mes titres, je ne les
abandonnerais pas.

— Mon cher élève, croyez-moi,
le temps de ces rodomontades est
passé; il faut marcher avec le siècle;
c'est le seul moyen de faire vite son
chemin, et la situation dans laquelle
vous me retrouvez vous prouve que
ce principe est vrai.

— Mon cher professeur, vous avez
raison de penser ainsi; vous avez raison de désirer un autre ordre de
choses puisqu'il peut augmenter votre
fortune, et vous donner une jolie

femme ; mais moi je ne puis que perdre au change ; car il n'est pas de fortune qui vaille le titre de gentilhomme
normand. Je vois que les affaires
prennent une très-mauvaise tournure, et je suis persuadé qu'on ne
peut rien attendre de bon d'un peuple qui s'amuse à pendre les seigneurs ; c'est pour cela que je veux
quitter Paris sur-le-champ, et puisque je n'ai pu être ministre, ce qui
est très-malheureux pour le royaume,
je me retirerai dans mes terres, et je
laisserai ce peuple insolent se gouverner comme il l'entendra. Quant à
vous, mon cher M. Bazile, je vous
souhaite toutes sortes de prospérités,
et je vous déclare que vous serez toujours reçu chez votre élève comme le
meilleur ami du seigneur du Maigret.

A ces mots, Chrysostôme tendit la main à l'abbé, et sortit sur-le-champ, bien décidé à quitter Paris le plutôt possible, et à retourner dans son castel pour n'en plus sortir.

— Bazile est un brave homme, se disait-il ; car il m'a sauvé la vie : je suis sûr qu'il penserait bien s'il aimait moins l'argent, et si une petite péronelle ne lui avait tourné la tête : il est vrai qu'elle est gentille ; il est encore vrai que l'argent est une excellente chose : une chose qui mène à tout, qui lève tous les obstacles, et qui vous retourne un homme comme un gant ; mais l'abbé ne peut pas avoir raison d'abandonner la cause de la noblesse. Cette rage de liberté est bien extraordinaire : deux ou trois cerveaux malades se sont imaginés que le peuple qui a toujours obéi était fait pour commander, et il n'en a pas fallu davantage pour mettre tout en combustion...ah! si j'étais ministre!...

Tout en faisant ses réflexions, M. du Maigret arrive à l'hôtel de la marquise de C...., mais à peine est-il arrivé sous le vestibule qu'un commissaire décoré d'une écharpe aux trois couleurs se présente à sa rencontre, et lui demande ce qu'il veut.

— Ce que je veux!..... la question est plaisante ; je veux rentrer chez moi : mais vous-même, que venez-vous faire ici? quel besoin la marquise a-t-elle des gens de votre profession?

— La marquise est une aristocrate ; son amant est le cousin du petit neveu d'un émigré, par conséquent, ce sont des suspects que je viens de faire mettre en cage, et je lis sur votre physionomie que je ferais bien de vous envoyer leur tenir compagnie.

A ces mots, Chrysostôme pâlit ; mais se rappelant aussitôt l'influence de son professeur, il s'écria : — Je vous déclare que je suis l'ami intime de Bazile : c'est un homme de mérite qui fait un excellent journal, et qui n'aura qu'un mot à dire pour vous faire repentir de vous être attaqué à l'homme qu'il estime le plus.

Le nom de Bazile produisit tout l'effet qu'en attendait M. du Maigret ; le commissaire tourna les talons, et disparut.

— Corbleu ! il faut que l'abbé soit sorcier, s'écria de nouveau Chrysos-

tôme, et si cela est, il ne lui en coû-
tera pas beaucoup pour tirer mes
amis du mauvais pas où ils se trouvent : quand on est damné une fois,
on ne peut l'être deux.

Sans s'arrêter plus long-temps, et
sans réfléchir davantage, notre héros
se mit à courir à toutes jambes, et
arriva hors d'haleine chez Bazile, fort
surpris du prompt retour de son élève,
et presque effrayé de l'état dans lequel il le voyait.

— Mon cher professeur, dit Chrysostôme, puisque vous êtes maintenant un homme puissant, et que vous
menez par le nez cette canaille qu'on
appelle peuple, vous ne devez pas
manquer de gens qui réclament vos
services, et quoique nos opinions ne
soient plus les mêmes, je suis pour-

tant persuadé que c'est vous faire plaisir que de vous fournir l'occasion de faire le bien, et c'est cette persuasion qui me ramène près de vous. Je vous parlais tantôt d'une marquise de C......, et d'un baron de Boisclairet, gens dont j'ai beaucoup à me louer, auxquels je veux beaucoup de bien, et que vous serez enchanté de connaître; mais il faut, pour cela que vous obteniez leur mise en liberté, attendu que pendant que je prêchais l'obéissance aux furieux qui voulaient me pendre, d'autres misérables emprisonnaient le comte et la marquise sans plus de façon que s'il se fût agi d'un petit bourgeois et d'une fille d'opéra.

— Un petit bourgeois, mon cher élève, est un citoyen, et cette manière de vous exprimer fait bien voir que vous n'êtes par à la hauteur du siècle.

— Corbleu! il s'agit bien de siècle et de hauteur!..... il s'agit de secourir d'honnêtes gens auxquels j'ai des obligations, et que l'on persécute sans motifs....... Mon cher professeur, on ne sait pas ce qui peut arriver; il est bon d'avoir des amis partout, et il vous est si facile d'en faire !.. Au nom de Dieu! M. Bazile, secourez cette jolie marquise; ne perdez pas l'occasion de faire une bonne action, et rendez une seconde fois la vie à votre élève, en lui rendant ses amis.

— Ce que vous désirez est très-difficile, mon cher Chrysostôme, répondit Bazile; bien que j'aie quelqu'influence, il ne faut pourtant pas croire que je fasse la pluie et le beau temps. Cependant je mettrai tout en usage pour obtenir ce que vous désirez : venez me voir demain à midi , et je vous dirai ce que vous devez espérer.

— Ah! monsieur l'abbé! qu'il est malheureux qu'un homme de bien comme vous ait abandonné la bonne cause!..... en vérité, je suis honteux quand je pense à certaine discussion que nous eûmes à la Bastille, et que je voudrais pouvoir vous faire oublier......

— Il y a long-temps que je ne pense plus à cela ; et puis j'ai eu moi-même des torts dans ce temps là..... Mon cher élève, je ne suis plus le même homme, et je regrette fort de ne pouvoir opérer en vous la révolution qui s'est faite en moi.

— Révolution...... Révolution ; ce mot là me fait mal ; n'en parlons pas, je vous en prie : songez aux captifs que je vous recommande, et attendez-vous à me voir demain à l'heure convenue.

— Je ferai tous mes efforts pour obtenir ce que vous désirez ; je vous en donne ma parole d'honneur.

Chrysostôme persuadé que son professeur était plus puissant qu'il ne voulait le paraître, se retira, et attendit avec confiance le résultat de sa démarche. Il soupirait cependant en pensant que l'unique rejeton des du Maigret en était réduit à solliciter la protection du chapelain de son père. — A quoi donc sert d'avoir des aïeux, se disait-il ? Pourquoi le sang de tant d'illustres gentilshommes coule-t-il

dans mes veines ?..... Cela fait que je
suis un homme comme il faut ; mais
à quoi sert d'être un homme comme
il faut, lorsque la canaille fait la loi ?..

Notre héros eût sans doute réfléchi beaucoup plus long-temps dans
un autre moment ; mais il était tard,
et les événemens de la journée avaient
tellement fatigué Chrysostôme, qu'il
se fit la première question en baillant ;
à la seconde, il ferma les yeux, et il
n'y avait pas dix secondes qu'il avait
articulé la troisième, lorsqu'il commença à ronfler comme un chanoine.

CHAPITRE III.

UN GUICHETIER. — NOUVELLES AMOURS.

Il faisait grand jour lorsque le seigneur du Maigret s'éveilla : il s'habilla à la hâte, et courut chez l'abbé Bazile qu'il ne trouva pas.

— Monsieur, lui dit Amélie, mon ami ne vous attendait pas sitôt ; cependant, comme il craignait de ne pas être de retour pour l'heure convenue, il m'a chargé de vous remettre ce papier; c'est, je crois, l'ordre qu'il a obtenu pour faire mettre en liberté les personnes auxquelles vous vous intéressez... Si vous saviez combien il est heureux de pouvoir vous être utile en cette circonstance!.. Ah! monsieur, quel homme que mon ami!....

— C'est un homme bien heureux, mademoiselle, puisqu'il est si tendrement aimé d'une si charmante personne.....

Chrysostôme, enchanté d'avoir fait cette belle phrase, se dressa sur la pointe des pieds; se caressa le menton, d'une main, tandis que de l'autre il arrangeait les plis de son jabot.

—Oh! oui, répondit Amélie, oui,

je l'aime beaucoup : je l'aime comme j'aimais mon père.

— Diable, pensa du Maigret, cela ne doit pas faire le compte de Bazile, et je suis bien sûr qu'il n'est pas homme à se contenter de l'amour filial...... Mais après tout, ce ne sont pas mes affaires ; que l'abbé ait tort ou raison de vouloir prendre femme, il n'en est pas moins vrai que c'est un homme de bien ; je n'oublierai jamais ce qu'il a fait pour moi, et je me repentirai toujours de l'avoir maltraité à la Bastille.... Pourtant il est fâcheux...... mais aussi, de quoi s'avise-t-il, à quarante ans.... Je ne connais pas grand chose encore à ces sortes d'affaires ; mais il me semble que ce n'est plus la saison....

Puis, se tournant vers Amélie :

— Mademoiselle, lui dit-il, assurez mon professeur que des quatre tourelles du château Maigret il y en aura toujours deux à sa disposition. A ces mots, il fit une profonde révérence à la jeune orpheline, et muni de l'ordre que lui avait fait remettre Bazile, il courut à la prison où la marquise et son amant étaient enfermés depuis vingt-quatre heures.

— Qui êtes-vous, lui demanda le guichetier auquel il s'adressa.

— Je suis gentilhomme normand, répondit du Maigret.

— Belle recommandation, reprit le guichetier en faisant la grimace.

Chrysostôme devint rouge comme un tison, et peu s'en fallut qu'il n'administrât une mercuriale à l'insolent qui osait faire une grimace au des-

cendant des du Maigret ; mais se rappelant fort à propos ce qui lui était
arrivé la veille, il se contenta d'exhi-
ber l'ordre dont il était porteur, et
que le gardien se disposa lentement à
exécuter.

Ce sont de singuliers personnages
que les gardiens ou les guichetiers
d'une prison ; j'en sais quelque chose,
ami lecteur, et il me prend envie de
vous en dire deux mots : ces gens là
m'ont fait payer cher le plaisir que
j'ai eu à vous faire rire : je veux, pour
vos péchés, vous faire faire connaissance avec eux. Un guichetier est un
animal qui a la figure d'un homme,
les jambes d'un homme, les mains
d'un homme, la voix d'un homme,
et pourtant ce n'est pas un homme,
c'est un guichetier. Si vous présen-

tez quelques pièces de monnaie à un guichetier, il vous salue jusqu'à terre, et la main qui reçoit votre bourse, vous étranglera le soir si celui à qui elle appartient en reçoit l'ordre. Un guichetier n'est pas du règne végétal ; mais il n'est pas non plus du règne animal ; il lui manque pour cela un cœur et une âme ; un guichetier est une machine à torture qui coûte mille francs d'entretien aux gens qui s'en servent ; un guichetier baisera volontiers la pantoufle d'un voleur qui lui mettra trente sous dans la main, et il parlera insolemment à l'honnête homme qui le méprise ; un guichetier qui veut affirmer quelque chose dit : *ma parole d'honneur*, comme si l'honneur pouvait avoir quelque chose de commun

avec un guichetier ; enfin un guichetier m'accusa un jour de l'avoir in-
sulté, comme s'il était possible d'insulter un guichetier.

C'était précisément à un individu
de cette espèce que Chrysostôme s'é-
tait adressé, et comme le seigneur du
Maigret n'était pas homme a semer
l'or, par la raison toute simple qu'il
n'en avait pas, il ne pouvait attendre
rien de bon de la machine à torture.

Rien ne saurait exprimer la surprise et la joie des amans lorsqu'ils
arrivèrent au guichet où les attendait
notre héros.

— Mon cher du Maigret, mon véritable ami, s'écria le baron de Boisclairet, comment pourrai-je reconnaître le service que vous nous rendez aujourd'hui! C'en était fait de

nous si vous nous eussiez abandonnés.......

— Vétille que tout cela, baron,
répondit Chrysostôme ; j'en ai bien
vu d'autres, corbleu! depuis que je
vous ai quittés : savez-vous bien que
j'ai été accroché à la lanterne, et qu'il
ne s'en est pas fallu de l'épaisseur
d'un cheveu que je fusse pendu?.....
Sans l'abbé Bazile, mon précepteur,
qui est arrivé là comme mars en ca-
rême, c'en était fait de la race des du
Maigret...... Mais ce n'est pas ici le
lieu de nous entretenir de tout cela ;
sortons promptement, on respire
ici un air qui fait mal.

La marquise et le baron ne se firent pas prier ; ils sortirent de l'espèce de tombeau dans lequel gémis-
sent sans cesse une foule de malheu-

reux; on fit avancer une voiture de place, et Chrysostôme ordonna au cocher de les conduire chez l'abbé Bazile.

— C'est aussi à ce personnage, dit-il à ses hôtes, que je dois votre liberté, et j'imagine que vous ne serez pas fâchés de le connaître. Je vous l'ai dit déjà, l'abbé est mon précepteur et de plus l'ancien chapelain du château Maigret..... cerveau malade, qui s'imagine que tout le monde doit être fou parce que quelques gens de rien font des folies... au reste vous en jugerez bientôt : nous ne sommes pas maintenant à cent pas de la maison qu'il habite.

La marquise et le baron assurèrent à du Maigret qu'ils auraient un grand plaisir à témoigner leur reconnaissance à cet homme de bien. A peine avaient-ils cessé de parler, que la voiture s'arrêta, et au bout de quelques secondes, les trois personnages qu'elle renfermait furent introduits près de l'abbé qui, dans ce moment s'entretenait avec sa jolie pupille, de l'espérance qu'il avait de pouvoir bientôt lui donner le doux nom d'épouse.

— M. Bazile, dit Chrysostôme, j'ai l'honneur de vous présenter mes illustres hôtes, la marquise de C.... et le baron de Boisclairet auxquels vous avez eu le bonheur de rendre un important service, et qui ont témoigné le désir de faire votre connaissance.

Là dessus on se fit de part et d'autre force complimens; on débita une longue kirielle de lieux communs; on

se dit mille choses obligeantes dont
on ne pensait pas un mot, et on finit
par entamer l'article de la pluie et du
beau temps, sujet de conversation
qui convient parfaitement à des gens
qui n'ont rien à se dire.

Cependant Edmond, placé près
de la jeune orpheline, ne pouvait
détacher ses regards du charmant
visage d'Amélie ; il se demandait ce
que pouvait faire chez un abbé une
si jolie fille, et il commença à s'apercevoir, dans ce moment même, que
le visage de la marquise annonçait
quelque chose de plus que les six
lustres qu'elle prétendait n'avoir pas
encore atteint. Un homme qui s'aperçoit que sa maîtresse est vieille, n'en
est plus amoureux. De son côté ,
Amélie ne pouvait s'empêcher d'ad-

mirer la bonne mine, l'air aimable et spirituel du jeune baron : elle le comparait à son protecteur, et malheureusement pour ce dernier, l'avantage n'était pas de son côté. Ce jour là, Amélie commença à sentir qu'on pouvait aimer quelqu'un plus tendrement que l'on n'aime son père : elle pensa en même temps qu'elle était destinée à devenir l'épouse de Bazile, et elle frémit involontairement.

Les visiteurs se retirèrent ; Bazile les conduisit jusqu'à la voiture qui les attendait : Amélie restée seule donna un libre cours à ses pensées, et de grosses larmes coulèrent de ses grands yeux, sans qu'elle pût se rendre compte de ce qui l'affligeait, et sans qu'elle songeât même à cacher à son ami ces larmes qui pouvaient compromettre son bonheur.

— Qu'avez-vous, chère Amélie ? s'écria Bazile en entrant dans le salon ; qui peut vous affliger ainsi ?

— Mon ami....... je..... je pensais à ma mère......

Pour la première fois, Amélie proférait un mensonge, pour la première fois elle dissimulait avec son ami.

— Amélie, ma douce amie, éloignez ces tristes pensées, et songez, je vous en conjure, au bonheur qui nous attend.

Mais ces paroles, loin de consoler l'orpheline, redoublèrent sa tristesse, et Bazile, malgré tous ses efforts, ne put ramener la sérénité sur ce visage angélique.

Tandis que tout cela se passait,

Chrysostôme, fatigué des tribulations qu'il avait éprouvées, faisait ses préparatifs de départ, et il quitta Paris le lendemain matin pour revoir ses pénates.

CHAPITRE IV.

MARIAGE ET DIVORCE.

Edmond ne passait presque point de jour sans faire visite à Bazile, et l'on devine que la reconnaissance n'était pas le motif qui le dirigeait dans cette circonstance. Il voyait Amélie ; Amélie lui paraissait chaque jour plus jolie ; l'innocence, la candeur de l'orpheline l'avaient tout à fait captivé, et la marquise, négligée, ne tarda pas à s'apercevoir qu'elle avait une rivale.

— Cher Edmond, lui dit-elle un jour, vous ne m'aimez plus.

Cela était vrai ; mais le baron avait plus d'une raison pour n'en pas convenir, et la plus puissante était l'état de sa fortune. Edmond était ruiné ; la marquise était riche, et Edmond qui ne possédait plus que des titres, sentait bien que le temps était passé où des parchemins tenaient lieu de tout.

— Qui peut ainsi alarmer votre tendresse, ma douce amie, répondit-il ? Quand je pourrais oublier tous vos bienfaits, me serait-il possible d'oublier vos charmes ? calmez ces inquiétudes qui nuiraient à notre bonheur, et croyez qu'Edmond ne

saurait vivre sans vous aimer toujours.

La marquise crut à la sincérité de
ce discours ; elle avait besoin d'y
croire pour ne pas mourir de douleur. Une femme de trente ans est plus
tendre , plus aimable qu'une jeune
fille , et peut être aussi jolie ; mais
parce qu'elle est plus tendre elle est
aussi plus faible ; elle accorde beaucoup , parce qu'elle aime bien , et cet
excès de tendresse fait qu'elle est
moins aimée : la jeune , sage et belle
Amélie était plus aimée que la volup-
tueuse marquise, précisément parce
qu'elle avait moins fait pour l'être.

Cependant le baron de Boisclairet
continuait à faire de fréquentes visites
à Bazile ; il était chaque jour plus
amoureux de l'orpheline , qui chaque

jour, de son côté devenait plus triste. L'abbé conçut bientôt des soupçons ; mais se croyant sûr du cœur d'Amélie, il ne crut pas devoir rompre avec Edmond, et il attendait avec l'impatience d'un amant, le jour heureux où il lui serait enfin possible d'unir à jamais son sort à celui de la jeune fille. Pourtant il remarquait la tristesse croissante d'Amélie, et il prit enfin la résolution d'en découvrir la cause.

— Ma chère amie, lui dit-il un jour, le changement d'humeur que je remarque en vous m'afflige profondément : suis-je donc assez malheureux pour avoir perdu votre confiance ; ne voulez-vous point confier la cause de vos chagrins à celui qui sera bientôt votre époux, et qui, à ce titre, doit partager vos peines ainsi que vos plaisirs.

A ces mots, l'orpheline ne put retenir ses larmes ; la pensée d'être à jamais unie à un homme qu'elle estimait, mais pour lequel elle n'avait point d'amour, cette pensée la mit dans l'impossibilité de dissimuler entièrement la situation de son cœur ; l'image du jeune baron se présenta à son esprit, et elle sentit qu'elle ne pourrait renoncer à l'espoir de donner sa main à l'homme qui possédait son cœur.

— Grand Dieu, s'écria Bazile avec l'accent du désespoir, je ne suis pas aimé !......... O Amélie, ces pleurs qui coulent de tes yeux sont mon arrêt de mort !.....

En prononçant ces paroles, l'abbé

se leva précipitamment, et s'élança
vers la porte du salon. Amélie effrayée
se jeta au devant de lui, et le retenant
dans ses bras.

— Mon ami, mon ami, dit-elle en
cachant son beau visage dans le sein
de Bazile, Amélie n'est pas coupable.
Je veux être votre épouse..... je veux
être à vous pour toujours...... ô mon
ami! dites que vous me pardonnez ;
dites que vous croyez au serment que
je fais de n'être jamais qu'à vous....

Ces paroles furent comme un baume consolateur qui calmèrent tout-à-
coup la douleur de Bazile.

— Douce colombe, dit-il en pres-
sant l'orpheline contre son cœur,
pardonne-moi ; l'excès de mon amour
me rend injuste... Répète-moi que tu

veux être mon épouse... oh! quel bien me font ces délicieuses paroles !....

Mais tandis que Bazile parlait ainsi, Amélie épuisée par l'effort qu'elle avait fait, sentait son courage s'évanouir, et elle ne put que verser de nouvelles larmes.

— Pendant que cela se passait, une scène à-peu-près semblable avait lieu chez la marquise de C.... Edmond qui ne sortait de chez l'abbé, que pour rôder dans le voisinage, et épier le moment d'y pénétrer de nouveau, Edmond négligeait trop la marquise, pour qu'elle ne conçut pas de vives alarmes. Craignant que des reproches n'amenassent une rupture qu'elle redoutait, elle s'en abstint ; mais elle gagna le domestique du jeune baron, et par ce moyen, elle connut bientôt

jusqu'aux moindres démarches de son
amant. Certaine alors de n'être plus
aimée, elle n'eût pas le courage de
renoncer à l'ingrat qui la trahissait,
et elle conçut l'espoir de ramener
l'amour par la reconnaissance.

Edmond avait dissipé tout son pa-
trimoine ; la marquise était riche, elle
lui offrit sa main et sa fortune, que
le baron accepta sans hésiter ; car il
avait sur Amélie des vues qui s'ac-
cordaient parfaitement avec cet ar-
rangement.

Les premiers jours de cette union
furent charmans, parce que le baron
de Boisclairet sentait que sa conduite
était horrible, et qu'il dissimula avec
assez d'art pour faire croire à sa compagne qu'elle n'avait pas perdu son
cœur ; il eut même pendant quelques

instans, l'intention de renoncer à ses projets sur Amélie ; mais cette bonne disposition dura peu : un mois suffit pour l'anéantir. Au bout de ce temps, l'épouse d'Edmond commença à être négligée de nouveau, et il se passa des jours entiers sans qu'elle vît son époux. Le baron devint plus assidu que jamais auprès de l'orpheline, dont la tristesse augmentait chaque jour, et cette assiduité ne paraissait point déplaire à Bazile, qui était affligé de la tristesse de sa pupille, et qui, ne pouvant être continuellement près d'elle, croyait n'avoir rien à redouter d'un homme qui venait de serrer les nœuds de l'hymen avec l'une des plus jolies femmes de Paris. Edmond, en style de roué, savait sa femme par cœur, et par conséquent ne pouvait plus se plaire près d'elle.

Cependant les amours d'Amélie et du baron restaient à peu près dans le même état : les yeux avaient dit bien des choses ; mais la bouche n'avait encore prononcé aucun mot qui exprimât ce qui se passait dans le cœur des amans. Enfin Edmond parla ; un *je vous aime* fut prononcé, et Amélie n'y répondit d'abord que par le rouge qui lui couvrit le visage ; mais revenant peu à peu du trouble dans lequel cet aveu l'avait jetée, elle s'exprima ainsi :

— Je vous parlerai sans détour, monsieur ; car je n'ai point appris à dire ce que je ne pense pas : cette déclaration si tardive des sentimens que vous dites avoir ne peut être aujour-

d'hui qu'un outrage ; est-ce donc ainsi
que vous gardez la foi jurée , et lorsque vous vous disposez à violer vos
sermens, pouvez-vous croire que la
pupille d'un homme à qui vous devez
votre liberté et peut-être votre vie,
sera prête à commettre un double
crime en se déshonorant et en abreu-
vant d'amertume le mortel généreux
qui l'a prise sous sa protection ?.......
Au nom de Dieu! monsieur, ne me
parlez plus de votre amour ; qu'il vous
suffise de savoir que Amélie ne peut
plus espérer le bonheur!....

—Amélie! s'écria le baron, si vous
ne voulez ma mort, ne me reprochez
pas cette alliance dont j'ai horreur, et
que je voudrais au prix de la moitié
de ma vie n'avoir pas contractée : je
briserai ces chaînes que je déteste.....

dites un mot, et dans quelques jours cet obstacle à mon bonheur ne subsistera plus.

Amélie ne répondit point ; mais elle baissa les yeux, et son silence fut favorablement interprêté par le fougueux baron, qui ce jour là même fit les diligences nécessaires pour obtenir son divorce.

De son côté, Bazile croyait très-proche le jour de son bonheur ; la nouvelle constitution du clergé lui permettait de devenir l'époux de la jeune orpheline, et il lui semblait que nulle puissance humaine ne pouvait plus s'opposer à ce qu'il goûtât toutes les délices de la vie.

La situation d'Amélie était terrible ; l'amour et la vertu se livraient dans le cœur de cette jeune vierge un combat terrible, mais la vertu en pareille circonstance est toujours la plus faible, et elle ne pouvait manquer d'être vaincue : l'orpheline pensait avec chagrin au désespoir de son ami lorsqu'il apprendrait la résolution qu'elle pouvait prendre de lui refuser sa main, et, d'un autre côté, elle frémissait en songeant qu'elle ne pouvait rendre Bazile heureux qu'en renonçant à Edmond, à Edmond dont le nom seul faisait battre son cœur.

La marquise entièrement désabusée sur le compte de son méprisable époux, n'opposa aucune résistance à la cassation d'un mariage qu'elle n'avait contracté que parce qu'elle avait alors des espérances qui depuis avaient été entièrement déçues; mais quelque diligence que fît le baron de Boisclairet, il ne put devancer Bazile, qui de son côté poussait avec ardeur les préparatifs de son union avec sa pupille.

— Amélie, lui dit-il un jour, le front rayonnant de joie, rien ne s'oppose plus à notre bonheur, et dans huit jours vous serez à moi.

Amélie qui ne s'attendait pas à cette nouvelle, en fut atterrée; elle ne put cacher le mal que cela lui faisait.

— Amélie, ma chère Amélie, reprit Bazile, m'auriez-vous mal compris?..... je viens vous annoncer que nous serons unis avant huit jours.....

A peine avait-il achevé ces paroles que l'orpheline s'évanouit. Bazile, effrayé, s'empressa de secourir sa pupille ; mais comme il ne pouvait penser que la jeune fille eût cessé de désirer cette union, il crut que cet évanouissement n'était dû qu'au peu de ménagement qu'il avait pris pour lui faire part de l'heureux succès de ses efforts, et il attribua à la joie plutôt qu'à la douleur, la situation d'Amélie.

Le lendemain de cette scène, le baron vint chez Bazile à l'heure où il savait que ce dernier était absent.

— Douce amie, s'écria-t-il en couvrant de baisers les mains de la faible Amélie, je puis être à toi, à toi pour toujours..... toutes les difficultés sont vaincues.

Que l'on se fasse, si cela est possible, l'idée de la situation d'Amélie : il lui était impossible de résister à l'amour que lui avait inspiré le baron, et d'un autre côté elle ne pouvait se résoudre à faire connaître ce qui se passait dans son cœur à Bazile. Cependant il n'y avait pas de temps à perdre ; le moment fatal approchait, et Amélie sentait qu'elle ne pourrait supporter les regards de son protecteur, de cet homme qui l'adorait et qu'elle était prête à trahir.

— Amélie, s'écria le baron qui devina ce qui se passait dans le cœur de sa maîtresse, Amélie, si vous ne voulez me voir mourir, répondez-moi ; dites que je suis aimé, et consentez à être à moi : tout est disposé pour que vous puissiez m'accompagner sur-le-champ.

La jeune fille ne put répondre ; mais elle présenta une main à Edmond, et couvrant de l'autre ses yeux mouillés de larmes, elle lui fit entendre qu'elle était prête à le suivre. Le baron qui comprit parfaitement cette pantomime, entraîna la jeune fille hors de l'appartement; il la fit monter dans une voiture qui l'attendait, et ils arrivèrent bientôt dans une maison de campagne que le baron possédait près de Paris, et qu'il avait fait préparer pour recevoir l'orpheline.

CHAPITRE V.

CHRYSOSTOME EN VOYAGE.

Vous avez vu, ami lecteur, comment le seigneur du Maigret, renonçant enfin aux honneurs auxquels il avait espéré que son esprit le ferait arriver, s'était mis en chemin pour retourner dans l'antique manoir de ses pères : ce ne fut que le second jour de son départ qu'il aperçut enfin les tourelles du château Maigret,

de ce castel, élevé par ses nobles
aïeux, et dont les murailles battues
en brêche par le temps n'avaient pas
été rétablies depuis le seigneur du
Maigret, troisième du nom.

— Je vous revois donc, lieux charmans, s'écria Chrysostôme, vous voilà, tourelles antiques qui racontez au
voyageur la grandeur de mes nobles
aïeux!... je te salue, enceinte superbe
où le soleil lui-même n'a pas toujours
accès, et où jadis les nobles suzerains
de cette contrée se délassaient de
leurs nobles travaux!...... Et toi, co-
lombier gothique, dont la girouette
se perd dans les nues, oh! combien
ton aspect me rappelle de doux sou-
venirs!... Volez, volez en paix, jolis
bisets; que la présence de votre seigneur et maître ne vous effarouche

point ; ce ne sera pas moi qui troublera vos amours !........ ne craignez pas l'avenir, car les tourelles de mon château vous offriront toujours un abri protecteur , et les champs de mes vassaux sont là pour vous nourir.... Et vous, bonnes gens, quelle sera votre joie , lorsque vous apprendrez le retour de Chrysostôme du Maigret, votre illustre seigneur !........ vous vous empresserez de venir me payer vos redevances, et vous aurez raison ; car un seigneur peut avoir besoin d'argent comme un roturier , et la preuve de cela, c'est que malgré mes titres, je serais mort de faim à Paris, si je n'avais eu le bonheur de plaire à une marquise et de faire amitié avec un baron..... Quand je pense que je devais être ministre, et qu'au

lieu de me dönner un porte-feuille ,
on me mit aux petites maisons ; quand
je pense qu'au lieu d'admirer mon
éloquence la canaille voulut me pendre ; quand je pense que cette tourbe
ignorante et sotte veut être maîtresse,
et qu'elle prétend gouverner les gens
comme il faut ; quand je pense à tout
cela , je me réjouis d'être revenu près
de vous , bonnes gens , vassaux sou-
mis et fidèles , et il me tarde de vous
voir et de vous entendre crier : *vive
le seigneur du Maigret ! vive notre
bon seigneur !.....*

Et Chrysostôme échauffé par ce
discours , et oubliant qu'il montait
un cheval ombrageux , lâcha la bride,
ôta son chapeau , et leva les bras en
faisant retentir l'air de ces cris qui
chatouillaient si agréablement ses

oreilles féodales, mais qui effrayèrent tellement sa monture, qu'elle fit un bond qui jeta le cavalier dans un fossé qui se trouvait à dix pas de là, et ses cris de joie se changèrent tout-à-coup en cris de douleur.

— Ah! maudit cheval, disait notre héros en faisant tous ses efforts pour se tirer de la vase dans laquelle il était étendu, maudit cheval, si tu m'appartenais, je t'apprendrais à traiter ainsi le meilleur gentilhomme de la Normandie........ Décidément le malheur me poursuit.... me voilà dans un bel équipage pour une entrée triomphante dans mes domaines.

Et en parlant ainsi, il cherchait à regagner le bord du fossé ; mais à mesure qu'il degageait une jambe, il enfonçait l'autre jusqu'au dessus du genou, et il se donnait ainsi beaucoup de peine pour rester dans la même position. Fort heureusement il fut entendu par quelques paysans qui passaient sur la route et qui s'empressèrent de le tirer du bourbier.

— N'êtes-vous pas blessé? brave homme, lui dit un des villageois.

— Brave homme! brave homme! s'écria notre héros rouge de colère; apprends, manant, que je suis Chrisostôme du Maigret, ton seigneur et maître, et qu'il ne tient à rien que je punisse ton insolence....

— Si vous êtes Chrysostôme du Maigret, répliqua le paysan, je ne vous conseille pas de le prendre sur ce ton là : votre père était le seigneur de ce village, je le sais ; mais les temps sont changés, et le fils du seigneur n'est plus qu'un homme comme moi : toute la différence qui existe entre nous, c'est que j'habite une chaumière propre, et que vous êtes le propriétaire d'une masure enfumée à laquelle vous êtes le maître de donner le nom de château.

— Quoi! reprit du Maigret avec l'accent de la douleur, l'esprit de révolte a pénétré jusque dans mes domaines!...... Désolation de la désolation!.... ah! si j'étais ministre, seulement vingt-quatre heures!.... je ferais voir à ces vilains qu'on ne traite pas ainsi impunément le seul rejeton de la plus illustre famille de la plus noble province!....

Pendant ce soliloque, Chrysostôme qui avait retrouvé son cheval sur le grand chemin, avait mis la bride à

son bras, et il se dirigeait clopin clo-
pant vert la porte principale du château. Il commençait à faire nuit lorsqu'il y arriva, et cette circonstance
fut heureuse pour lui ; car l'état dans
lequel l'avait mis le bain bourbeux
qu'il avait pris, eût pu, pendant le
le jour, lui attirer une escorte de mar-
mots et un concert de huées peu pro-
pres à charmer les yeux et les oreilles
d'un noble seigneur.

Chrysostôme frappa à coups re-
doublés à la porte de son manoir,
qu'un vieux serviteur vint lui ouvrir :
c'était précisément le père de Laurent, celui que nous avons vu dans le
premier volume de cet ouvrage, in-
terrompre le discours qu'il faisait à sa
femme pour courir à Paris avec son
maître.

— Vite, s'écria du Maigret, que l'on me donne des habits, que l'on fasse grand feu, et que l'on me serve à dîner sur le champ.

— Bien dit, monsieur, très-bien dit ; mais vous eussiez dû vous informer avant si l'on pouvait vous obéir.

— Qu'est-ce à dire, Laurent ? ne suis-je pas le maître et seigneur de céans ?

— C'est-à-dire, monsieur, que quand bien même vous seriez le plus grand seigneur du monde entier, vous ne seriez pas encore assez puissant pour faire qu'un vieux serviteur comme moi fît en un instant l'ouvrage de dix valets ; que vous ne pourriez faire qu'on trouvât des habits dans une garde-robe où il n'y a rien, et qu'on improvisât un dîner dans une cuisine où il n'y a pas le moindre comestible.....

—Quoi! les serviteurs de mon père auraient abandonné le château ?

— Et pourquoi non ? monsieur ; les serviteurs de votre père étaient des gens qui ne pouvaient vivre de promesses ou d'espérances, et que la faim a chassés d'ici comme elle chasse le loup hors du bois....

—Et tu es seul ici?

— Absolument seul, et cela est fort heureux pour vous ; car si les gens de votre père étaient restés ici plus long-temps, il est probable qu'ils n'auraient laissé que les murailles....

—Les murailles !... Laurent, n'est-ce donc rien que les murailles du château Maigret ?

—C'est quelque chose, monsieur,

je le sais bien ; ces murailles noircies
par les ans forment un coup d'œil admirable pour les yeux d'un gentilhomme ; mais je ne sache pas que
leur aspect garnisse l'estomac et j'ai
même de bonnes raisons pour croire
le contraire.

— Sois tranquille, Laurent, je
mettrai ordre à tout cela : l'important
pour le moment est de réparer mes
forces et le désordre de ma toilette ; je
vais me mettre au lit ; tu me donneras
à manger ce que tu pourras te procurer, et tu nétoieras mes habits pendant que je prendrai un peu de repos.

Le vieux serviteur fit de son mieux :
au bout d'une heure il servit à son
maître quelques œufs durs et un pot
de cidre, et il passa une partie de la

nuit à ôter la vase qui couvrait les habits de Chrysostôme.

—Il paraît que mes affaires ne sont pas brillantes, se dit le seigneur du Maigret en s'éveillant le lendemain : je ne possède pas deux louis et je manque de tout : cela n'est pas rassurant; mais fort heureusement mes vassaux sont là pour me tirer d'embarras, je vais les faire sommer de payer les redevances, et après cela , nous verrons...... Laurent!...... Laurent !.....

— Me voici, monsieur.

— Pars à l'instant, et fais savoir aux habitans de mes domaines que je prétends que les redevances de l'année courante me soient payées sur-le-champ.

— Si vous comptez là dessus pour

dîner, monsieur, il faudra encore aujourd'hui vous contenter d'œufs durs.

— Qu'est-ce à dire, Laurent?

— C'est-à-dire, monsieur, que de
tous vos vassaux il n'y en a pas un qui
croie vous devoir une obole.

— Je voudrais bien voir qu'ils osas-
sent.....

— Vous le verrez, monsieur, car
ils oseront, j'en suis sûr..... oh! il y a
bien du changement ici depuis que
vous êtes parti : le chantre fait la loi;
le curé est parti, et les vilains se
croient quelque chose....

— Désolation de la désolation! ah!
Laurent, je devais m'attendre à cela!..
cette maudite épidémie qui a manqué
de me faire pendre à Paris, est par-
venue jusque dans mes domaines.....
Je suis sûr que ces misérables pré-

tendent qu'ils sont libres et qu'ils ont des droits!....

— Précisément, monsieur, vous avez deviné cela tout de suite.

— Ah! si j'étais ministre!...

A ces mots, Chrysostôme poussa une demi-douzaine d'énormes soupirs; puis il se leva, et le désespoir dans le cœur, il se rendit dans la chambre à coucher qu'avait habitée son père, et dont il avait l'intention de visiter les meubles.

— Mon père, pensait-il, n'était pas prodigue; il doit avoir fait quelques économies; car alors les vilains payaient et ne murmuraient pas........ voyons.

En faisant ces réflexions, il avait ouvert un secrétaire antique, et déjà ses regards inquiets s'étaient prome-

nés dans tous les compartimens, lorsqu'il arriva enfin à un tiroir dont il
ne trouva pas la clef, et dont il brisa
la serrure : qu'on juge de la joie que
ressentit le seigneur du Maigret lorsqu'il aperçut une longue bourse de
soie qui contenait cent louis bien
comptés.

— Maintenant, se dit-il, je me
moque de ce qui pourra arriver : voici
de quoi pourvoir aux premiers besoins; mes terres pourront me rapporter la même somme chaque année, et avec cent louis de revenu, un
château et des aïeux, on ne manque
de rien. — Laurent ! Laurent !...

— Me voici, monsieur, répondit
le vieillard.

— Mon ami, vous êtes vieux.

— Je le sais bien.

— Je suis très-content de vos services; mais comme je ne puis toujours dîner avec des œufs durs et que
vous ne pouvez passer toutes les nuits
à nétoyer mes habits, je veux vous
adjoindre une cuisinière et un valet
de chambre.

— Bien pensé, monsieur ; il s'agit
seulement de savoir si les gages.....

— Les gages seront bons, et je
paierai d'avance.

— Oh! alors, monsieur, vous
pourrez choisir ; cependant j'espère
que mon fils obtiendra la préférence :
c'est un grand gaillard bien bâti dont
vous ferez tout ce que vous voudrez.

— Cela suffit : dès aujourd'hui il
est à mon service.

En effet, dès ce jour même, Laurent fils entra en fonctions auprès

de Chrysostôme qui furieux de la tournure que prenaient les affaires, et de l'insolence de la roture, jura de ne sortir de son château que lorsque le bon temps serait revenu.

Il tint parole, et pendant plus de vingt ans, il n'apprit ce qui se passait dans le monde que par les lettres que lui adressait de temps en temps le baron de Boisclairet sur le chapitre duquel, ami lecteur, nous allons, s'il vous plaît, revenir.

CHAPITRE VI.

REFROIDISSEMENT. — DÉSESPOIR. — ARRÊT DE MORT.

Le baron de Boisclairet avait réalisé les débris de sa fortune, au moyen desquels il lui était possible de vivre encore très-honorablement dans la petite maison de campagne où il s'était retiré avec Amélie. Comme tous les amoureux, Edmond et Amélie étaient fous, et ils pensaient qu'il ne pouvait exister d'autres plaisirs que celui de s'aimer et de se le répéter sans cesse ; mais les premiers transports durèrent peu, et tous deux sentirent, presque en même temps, le besoin de revoir le monde qu'ils avaient abandonné. Amélie devint sombre et rêveuse ; elle pensait sans cesse à Bazile ; elle se reprochait d'avoir trahi un homme qui l'avait accablée de bienfaits, et ces pensées ne contribuaient pas peu à diminuer l'amour que le baron lui avait inspiré. Edmond, de son côté, s'ennuyait à la campagne ; il regrettait la fortune que son divorce lui avait fait perdre, et avec laquelle il eût pu mener une vie plus conforme à ses goûts. Ces regrets cependant n'étaient pas continuels ; car les amans s'aimaient encore, et leur tristesse faisait souvent place au plaisir.

— Amélie, dit un jour le baron, ne trouves-tu pas que la campagne soit un séjour bien insipide ?

— Sans toi, Edmond, elle me serait insupportable.

— Je pense comme toi, ma douce amie ; mais si l'amour nous rend heureux dans un lieu si triste, quelles délices nous fera-t-il goûter dans une ville où tous les plaisirs nous environneront ?

— Tu regrettes Paris.

— Moi, je ne regrette rien près d'Amélie ; mais je sens le besoin de procurer à mon amie tous les plaisirs de la vie.

— Amélie soupira et ne répondit rien : ces paroles du baron ve-

naient de lui rappeler ce que Bazile
lui avait dit tant de fois, et elle sentit
le remords déchirer son cœur.

— Serais-tu fâchée, reprit Edmond, de passer quelques semaines
à Paris.

— J'irai partout où tu voudras me
conduire.

Le baron vit clairement que sa
maîtresse eût préféré rester à la campagne, où elle s'ennuyait pourtant;
mais où elle ne craignait pas d'être
rencontrée par Bazile dont elle ne se
sentait pas la force de supporter les
regards; le baron, dis-je, s'aperçut que
son projet ne plaisait point à Amélie ;
mais il n'était plus assez amoureux
pour sacrifier ses fantaisies à celles
de l'orpheline, et se contentant de
l'espèce d'approbation tacite qu'elle

lui donnait, il fit les préparatifs du départ.

J'ai dit que les débris de fortune qu'Edmond avait réalisés, pouvaient encore faire vivre les deux amans fort honorablement s'ils persistaient dans la résolution qu'ils avaient prise d'abord de vivre loin de Paris; mais il s'en fallait de beaucoup que cela suffît à la fois aux plaisirs et aux besoins qu'ils se préparaient en retournant dans la capitale. Tel est cependant l'attrait que le bruit et le tumulte d'une grande ville ont pour certaines gens, que le baron aimait mieux risquer sa vie que de vivre dans la solitude. La révolution faisait chaque jour de nouveau progrès; la terreur était à son comble, et il suffisait d'avoir jadis porté un titre pour être traîné à l'échafaud : Edmond savait tout cela, et il n'en était point effrayé : le présent était tout ; l'avenir rien : que de gens pensent ainsi!.... moi-même, ami lecteur, je suis un peu de cette trempe, et je crois que j'ai raison ; mais je ne vous dis cela qu'en confidence ; car ce sont là maximes épicuriennes pour lesquelles on me donna naguère sur les ongles, et voilà justement pourquoi je me suis corrigé.....

On part ; on arrive ; ou loue un bel appartement dans un somptueux hôtel ; on court aux spectacles, aux promenades ; on croit que l'on s'amuse, et cela suffit. Quand je dis que l'on croit s'amuser, cela n'est pas tout à fait exact : il est vrai que le baron le croit ; mais il n'en est pas de même d'Amélie ; elle est triste partout, même à l'opéra qui n'était pourtant pas alors une école de morale.

Edmond s'aperçoit de la tristesse d'Amélie ; mais il s'en inquiète peu ; l'amour qu'il croyait ressentir n'était qu'un caprice, et il y a si long-temps que l'orpheline n'a plus rien de nouveau à lui accorder !...

Amélie souffre, car elle aime Edmond, et elle commence à s'apercevoir qu'elle n'en est pas aimée ; elle pense sans cesse à Bazile qu'elle a trahi, et son âme est brisée par la douleur : les roses de son teint ont fait place à une pâleur continuelle ; le sourire est banni de ses lèvres, et lorsqu'elle est seule, ce qui arrive souvent, des larmes amères coulent

de ses yeux qui ont perdu leur viva-
cité.

Revenons à Bazile : il serait difficile de peindre le désespoir qui s'é-
tait emparé de ce malheureux, lorsqu'il se vit abandonné par cette jeune
fille qu'il avait arrachée à la mort,
et sans laquelle il né pouvait y avoir
pour lui de bonheur sur la terre :
il se rappela la tristesse d'Amélie,
l'embarras avec lequel elle avait reçu
la nouvelle de leur prochaine union,
et ces circonstances lui firent un instant soupçonner la vérité ; mais il aimait trop pour croire que l'objet de
son amour fût coupable. Il avait appris le divorce du baron ; il savait
que celui-ci avait disparu en même-
temps que l'orpheline, et il demeura
convaincu qu'Edmond avait enlevé

Amélie ; mais il ne crut pas que la
jeune fille se fût prêtée à cet enlève-
ment, et pendant quelque temps, il
fit faire des recherches pour découvrir la retraite du ravisseur. Deux
mois s'écoulèrent ; les recherches
avaient été infructueuses. — Je suis
trahi, se dit enfin Bazile, je suis
trahi ; car il est impossible qu'Amélie
n'ait pas trouvé depuis si long-temps
le moyen de me donner de ses nouvelles ; elle ne m'aimait pas, et j'aurais dû penser qu'à mon âge, on ne
doit plus compter que sur l'amitié.

Son union avec Amélie avait long-
temps été la seule pensée de Bazile ;
c'était là où tendaient tous ses efforts ;
c'était le but auquel il aspirait d'atteindre, et au moment même où sa
persévérance ayant vaincu tous les

obstacles, le faisait pour ainsi dire, toucher au bonheur, toutes ses espérances s'évanouissaient..... Son cœur était déchiré ; la vie lui paraissait un fardeau insupportable, et il lui semblait plus facile d'y renoncer que de voir Amélie dans les bras d'un autre. Cette maladie morale causa plus de ravages sur le physique de Bazile, que n'en eussent fait dix années : ses regards que l'amour avait animés pendant quelque temps, devinrent sombres et farouches ; tout son corps se dessécha, ses joues se creusèrent et ses cheveux blanchirent.

— O Amélie ! s'écriait-il quelquefois, pourquoi m'as-tu fait connaître l'amour ! sans toi, sans cet éclair qui, parti de tes yeux vint embrâser mon âme, ignorant et stupide ; mais heureux et tranquille, je passerais dans quelque village obscure une vie qui n'est plus maintenant qu'un supplice !... Je serais ignoré ; les cent bouches de la renommée n'auraient point proclamé mon nom ; mais que me fait la célébrité s'il me faut vivre loin d'Amélie ; si cette femme dont le nom seul fait battre mon cœur, ne peut être mon épouse ; si elle n'est pas fière d'une réputation que je ne dois qu'au sentiment qu'elle fit naître en moi, et que je ne m'efforçai d'acquérir que pour mériter son amour !.... Amélie ! Amélie ! tu ne sais pas ce que je souffre !.... tu ne connais point l'horrible supplice d'aimer sans espoir...

Alors une espèce de délire s'emparait de ce malheureux ; il se levait

comme un furieux, renversait et bri-
sait tout ce qui se trouvait sur son
passage, et il ne s'arrêtait que lorsqu'un des meubles qui avaient ap-
partenu à Amélie venait frapper ses
regards : en ce moment des larmes
amères roulaient de ses yeux éteints,
il s'arrêtait, se prosternait devant ce
meuble, et passait souvent plusieurs
heures dans cette situation.

Cependant, la douleur qui dévo-
rait Bazile, perdit, avec le temps,
quelque chose de sa violence ; ses
amis parvinrent à le distraire, et ils
profitèrent de ces instants de tran-
quillité pour lui rappeler les progrès
que naguère il avait fait à la cause de
la liberté ; ils firent souvent résonner
à ses oreilles les mots de patrie, de
devoir, et ils lui répétèrent sans cesse

qu'il devait compte à ses concitoyens,
du bien qu'il pouvait faire pour la
chose publique. Peu à peu, Bazile
reprit ses travaux ; mais la haine fut
son guide plutôt que le désir de faire
le bien ; c'était à Edmond qu'il devait le malheur qui l'avait accablé ;
Edmond était noble, et il n'en fallut
pas davantage pour que l'aveugle fureur de Bazile lui fît détester tous les
individus qui appartenaient à cette
classe.

— Les barbares, se dit-il, il ne
leur suffit pas d'avoir élevé entre eux
et les autres hommes une barrière
honteuse pour ces derniers, il faut
encore que chacune de leurs actions
soit un crime !... Peu leur importe
d'abreuver d'amertume un malheureux, en lui enlevant ce qu'il a de

plus cher, peu leur importe, pourvu qu'ils satisfassent une ignoble fantaisie..... les monstres ! je leur déclare une guerre éternelle ! aucun d'eux ne trouvera grâce devant moi !..... qu'ils tremblent ; car j'ai soif de vengeance, et cette soif qu'ils ont allumée, ne s'éteindra qu'avec ma vie !..

Ces paroles sont celles d'un furieux, et il est trop aisé de voir qu'un semblable raisonnement ne peut émaner que d'un cerveau malade, pour que nous essayons de le combattre. Nous avons fait à cet égard notre profession de foi, et les gens disposés à nous trouver de mauvaises intentions, voudront bien remarquer que ces exclamations viennent d'un homme auquel le malheur a troublé la raison. Quant à vous, lecteur bénévol, qui nous connaissez bon diable, vous n'avez pas besoin que l'on fasse de commentaire; je suis sûr que nous nous entendons.

Bazile se jeta de nouveau dans la politique; le succès de son journal augmenta encore, et cet amant malheureux qui s'était fait publiciste pour être quelque chose, arriva bientôt au titre glorieux, mais avili dans ce temps là, de représentant du peuple; il siégea à la convention où ses discours firent souvent trembler ses adversaires.

Ces occupations continuelles, le bruit, la célébrité qui en résultaient, étourdissaient un peu Bazile, et lui rendaient la vie plus supportable : il faisait aux ci-devant nobles tout le mal qu'il pouvait, et cette vengeance atroce semblait un baume qu'il versait sur les plaies de son cœur. Robespierre commençait alors à être célèbre, et Bazile qui cherchait un adversaire qu'il jugeât digne de lui, devint l'ennemi de cet homme féroce, non pas qu'il blamât la cruauté de ce tigre ; mais seulement parce que un semblable adversaire le tenait dans l'agitation continuelle qui était dévenue, pour ainsi dire, une des conditions de son existence. Cependant cet état violent ne pouvait durer long-temps : Bazile passa en moins d'une année de la force de l'âge mûr à la faiblesse de la caducité ; une maladie mentale dont il avait déjà ressenti quelques atteintes, se déclara tout-à-fait. Il ne changea point néanmoins sa manière de vivre, La fureur lui tenait lieu de raison ; ses discours à la convention n'en étaient que plus virulens, et Robespierre qu'il poursuivait sans relâche, jura la mort d'un homme que la démence rendait encore plus redoutable. Il obtint que Bazile fut décrété d'accusation : on lui imputa des crimes imaginaires. Il répondit par des injures, de dures vérités, et il fut condamné, comme cela ne pouvait manquer d'arriver ; car, dans ce temps, un décret d'accusation était un arrêt de mort.

CHAPITRE VII.

L'ÉCHAFAUD. — LE LEGS.

Malgré le chagrin qui la tourmentait, Amélie était toujours jolie, et quelque soit sa légèreté, un homme ne saurait être auprès d'une jolie femme sans ressentir de temps en temps quelque velléité amoureuse, même lorsque cette jolie femme lui aurait depuis long-temps tout accordé.

— Amélie, dit un jour Edmond, on donne aujourd'hui un nouvel opéra ; je t'y accompagnerai.

Ces paroles firent battre le cœur de la jeune fille ; car elle aimait Edmond ; les remords qui la déchiraient n'avaient pu anéantir son amour.

— Fais tes préparatifs, ma bonne amie, ajoute le baron : nous sortirons de bonne heure, et nous dînerons au Palais-Royal.

L'orpheline fit ce que voulait son amant, et bientôt une toilette élégante vint rehausser cette beauté un peu ternie par la douleur. Edmond trouve sa maîtresse si jolie qu'il se reproche presque de ne pas lui être fidèle. On monte en voiture, et Amélie est étonnée de goûter encore un instant de bonheur... c'était le dernier !... Deux

chevaux vigoureux entraînent avec
rapidité l'élégante voiture ; mais à
peine sont-ils arrivés au milieu de
leur course, qu'une foule immense
que la force armée peut à peine con-
tenir, les force de s'arrêter : Amélie
baisse la glace, et ses regards planent
sur ce rassemblement tumultueux
dont elle cherche à découvrir la cause :
au milieu de ce groupe nombreux,
une charette s'avance lentement ; elle
est environnée de soldats et contient
plusieurs malheureux dont l'abatte-
ment et les liens qui entourent leurs
bras annoncent assez la triste destinée : ce sont des victimes que l'on
traîne à l'échafaud. Amélie veut dé-
tourner ses regards de ce spectacle
déchirant ; mais une force attractive
qu'elle ne conçoit pas la retient ; quel-

ques secondes s'écoulent, et la charette touche presque à l'élégante voiture du baron : un prêtre, un vénérable ministre est au milieu des infor-
tunés qui vont au supplice ; il tient
dans ses mains le signe de la rédemp-
tion ; ses regards sont animés ; la persuasion semble couler de ses lèvres,
et il paraît avoir oublié que le devoir
qu'il remplit peut le perdre :

—Mon frère, dit le vénérable pas-
teur, en s'adressant à celle des victimes près de laquelle il se trouve ; mon
frère, vous avez commis de grandes
fautes ; mais un repentir sincère peut
en effacer de plus grandes encore ;
vous mourez innocent, des crimes
que l'on vous impute ; mais vous avez
de mauvaises actions à expier, et
cette expiation vous ouvrira les

portes du ciel...... O mon frère! pardonnez à vos bourreaux et ne les maudissez pas : rappelez-vous que le fils de Dieu mourut pour racheter les crimes des hommes, et qu'il rendit le dernier soupir en pardonnant à ses ennemis que sa seule volonté eût suffi pour anéantir........ Abjurez vos erreurs ; rappelez-vous que vous fûtes vous-même un des ministres de ce Dieu de clémence, et que la foi vous rende la grâce que vous avez perdue ; mais que vous pouvez retrouver en un instant......

Amélie, toujours immobile avait entendu le discours de ce prêtre vénérable : soudain le patient auquel il s'adressait s'inclina respectueusement devant l'image du Christ, et le visage de ce malheureux vint frapper les regards de l'orpheline qui poussa un cri terrible, et tomba évanouie dans les bras du baron.

Amélie, l'infortunée Amélie venait de reconnaître son ami, son protecteur, l'homme à qui elle devait la vie, et auquel son ingratitude donnait la mort; c'était enfin le malheureux Bazile que l'on traînait au supplice.

Edmond s'empresse de prodiguer des secours à sa compagne; il attribue son évanouissement à la frayeur, et il s'avance pour voir qui l'a causée; dans ce moment, la fatale charette se trouvait si près du carrosse que l'on eût pu de l'une à l'autre se donner la main, de sorte que le visage de Bazile n'était pas éloigné de plus de deux pieds de la portière du carrosse,

T. 3. 10

où le baron demeura pendant quelques instans immobile de terreur.

Cependant le cortége se dirige vers le lieu de l'exécution, la foule s'écoule, et le baron un peu remis ordonne au cocher de retourner à l'hôtel. Pendant le trajet, il fait de nouveaux efforts pour rappeler sa maîtresse à la vie ; mais la jeune fille reste toujours sans mouvement ; ses lèvres sont blanches, et Edmond porte en vain à plusieurs reprises, la main sur le cœur d'Amélie, aucune palpitation ne se fait sentir.......... elle a cessé de vivre, et le malheureux Bazile ne lui a survécu que de quelques minutes.

Rien ne saurait donner une idée précise de l'effet que cette double catastrophe produisit sur le baron ; il examina sa conduite passée, il ne put

se dissimuler que le malheureux évé-
nement qui lui enlevait sa maîtresse
fût son ouvrage, et cette pensée fit
naître dans son âme d'amers, mais
inutiles regrets.

—Je suis un monstre, se dit-il, car
j'ai détruit le bonheur de l'homme à
qui je devais la vie; j'ai conduit cette
jeune fille dans le sentier du vice, et
je suis cause de sa mort!...... Misérable! que tardai-je de mettre un terme
à cette vie que j'ai souillée de crimes?
Oui, reprit-il après avoir réfléchi
quelques instans, oui je mourrai pour
expier mes forfaits, et je n'attendrai
pas pour descendre dans la tombe que
l'affreuse misère qui me menace m'ait
atteint: je mourrai; mais puisque ma
vie fut cause de tant de maux, que
ma mort au moins soit utile aux gens

de bien ; mourons ; mais que ce soit
d'une mort glorieuse.....

C'en est fait, je vais quitter ce malheureux pays qu'accablent tant de
maux, j'irai rejoindre les braves qui
sur une terre étrangère sont restés fidèles à leur roi ; c'est dans leurs rangs,
c'est en combattant pour le trône et
l'autel que je veux trouver la mort....

Lecteur, mon ami, qui n'êtes pas
accoutumé à trouver dans mes écrits
des phrases de la force de celle qui
précède, n'oubliez pas, je vous
prie, que c'est le baron de Boisclairet
qui s'exprime ainsi, et sachez que ce
gaillard là était capable de faire ce
qu'il disait : il ne le fit pas pourtant ;
mais en vérité, ce ne fut pas qu'il
manquât de courage, et l'on ne saurait le blâmer de n'être pas mort puis-

qu'il pouvait encore être, ici bas,
utile à quelque chose, comme vous
l'allez voir.

Plusieurs semaines s'étaient écou-
lées depuis que l'infortunée Amélie
avait cessé de vivre ; Edmond faisait
ses préparatifs de départ : il voulait
rejoindre l'armée royale assemblée de
l'autre côté du Rhin, et vingt-quatre
heures seulement le séparaient du
dernier jour qu'il devait passer à
Paris, lorsqu'il reçut la lettre suivante :

« Monsieur

» La présente est pour vous pré-
» venir que moi, Jean Grandin,
» maire de ma commune, sauf votre
» respect, j'ai eu celui d'être nom-

» mé exécuteur testamentaire par
» défunt votre frère, le ci-devant
» chevalier de Boisclairet, qui est
» passé de vie à mort, il y a trois
» jours. C'était un brave et digne
» homme qui a fait beaucoup de bien
» tant qu'il a été seigneur de notre
» endroit, ce qui fait que *les bleux*
» n'ont pas osé lui chanter pouille, vu
» que nos gens se seraient plutôt fait
» tuer que de souffrir qu'un si brave
» seigneur eût été inquiété. Aussi,
» soyez sûr et certain, monsieur le
» baron, que bien que notre curé
» soit parti pour l'Angleterre, feu
» votre frère a eu autant de *libera* et
» de *de profundis* que si tous les prê-
» tres du monde avaient été à son
» enterrement ; ce cher homme,
» nous lui en avons donné *en veux-*

» *tu ? en voilà*, et vous pouvez bien
» compter qu'il n'en *chômera* pas
» de sitôt.

» Pour ce qui est du testament
» dont je vous ai touché un mot tout
» à l'heure, faut vous dire que c'est
» tout simplement une feuille de pa-
» pier qui est pour le quart d'heure
» entre les mains de mon porte-
» feuille. Comme défunt le cheva-
» lier ne m'avait pas dit ce qui était
» sur ce papier là, j'ai pris la liberté
» de le faire lire par mon adjoint qui,
» sauf votre respect, monsieur le ba-
» ron, est le maître d'école de notre
» endroit, pour vous servir. Faut
» donc vous dire que feu votre frère
» a écrit sur ce papier qu'il vous
» donnait tout son bien, à condition
» que vous éleveriez vous-même sa

» petite fille qui n'a encore que deux
» ans, et que vous lui donneriez trois
» cent mille francs de dot quand elle
» serait en âge d'être pourvue : c'est
» un joli denier tout de même ; mais
» ça n'est rien pour la fille d'un che-
» valier qui était le plus riche sei-
» gneur de six lieues à la ronde. C'est
» aussi sur ce papier-là que le che-
» valier a écrit que le maire de Cer-
» fontaine était chargé de faire exé-
» cuter le testament qu'il a envoyé
» chez moi deux jours avant que de
» mourir.

» A présent, monsieur le baron,
» vous savez au juste de quoi il
» retourne, et je suis bien sûr que
» vous allez accourir ventre à terre
» auprès de votre petite nièce qui est
» gentille pour son âge, et qui vient

» comme un potiron : elle trotte com-
» me un lapin, et elle a bientôt qua-
» tre dents, ce qui fait, monsieur le
» baron, que j'ai bien l'honneur d'ê-
» tre, etc.

Il y avait bien long-temps qu'Edmond n'avait entendu parler de ce
frère dont les goûts étaient si diffé-
rens des siens ; l'épitre du maire Jean
Grandin le surprit autant qu'elle l'affli-
gea, et ce fut alors seulement qu'il se
rappela que deux ans auparavant le
chevalier lui avait écrit pour lui faire
part de la mort de sa femme.

—Je ne quitterai pas la France, se
dit-il après avoir lu ; je n'ajouterai
pas à mes torts celui de mépriser les
dernières volontés d'un frère ; je vivrai puisque je puis encore être utile
sur la terre, et j'emploierai la fortune

que je vais posséder à réparer autant
que cela sera possible les maux que
j'ai causés.

Edmond, après cette nouvelle résolution, partit pour le château dans
lequel son frère était mort, et qui
était situé sur les bords de la Loire ;
il y resta plusieurs années, et ne revint à Paris que lorsque la tourmente
révolutionnaire fut passée. Désor-
mais, exempt de passions, il ne s'occupa qu'à soulager l'infortune, et du
Maigret fut la seule de ses anciennes
connaissances avec qui il eut encore
quelques relations.

Avant de clore ce chapitre, nous
dirons un mot de la marquise de C...
abandonnée, trahie par Edmond, et
tourmentée par le besoin d'aimer :
elle devint dévote, et résolut de finir

sa vie dans un cloître; mais ne pouvant exécuter ce projet en France,
elle vendit tous ses biens, et se rendit en Espagne où elle entra, pour
n'en plus sortir, dans un couvent de
carmélites.

CHAPITRE VIII.

CHRYSOSTOME DANS SON CASTEL.

Nous avons laissé le seigneur du Maigret dans son castel dont il avait juré de ne sortir que lorsque le bon temps serait revenu. Il tint parole, et excepté les lettres qu'il recevait de temps en temps du baron de Bois-clairet, il n'eut pendant longues années aucune communication avec le monde.

— Laurent , disait-il quelquefois à son domestique , qu'y a-t-il de nouveau dans le village ?

— Rien, monseigneur, lui répondit un jour Laurent, si ce n'est que tous les bonnets rouges sont sans-culottes.

—Qu'est-ce que tu dis donc ? Laurent !....

— La vérité, monseigneur ; on est aujourd'hui *sans - culotte* ou *bonnet rouge*, comme on était autrefois comte ou marquis ; il y a même beaucoup de gens qui ont échangé ces anciens titres contre les nouveaux.

— Ce sont des infâmes , Laurent , et ce ne sera jamais moi qui ferai de pareilles choses ; j'aimerais mieux passer toute ma vie entre quatre murailles, que d'être un seul jour *sans-culotte.*

— Ma foi ! monseigneur, du train dont vont les choses, il n'y a pas de raison pour que vous sortiez jamais d'ici. Puisque tous ceux qui n'étaient rien veulent être quelque chose, il faudra bien que ceux qui étaient quelque chose consentent à n'être rien ; il est bien dur pour un gentilhomme d'être *sans-culotte;* mais après tout, il vaut mieux être sans-culotte que sans pain, et vos revenus sont maintenant si bornés...

— Eh bien, Laurent, quand ils le seraient encore davantage, quand ils seraient tout-à-fait anéantis, je serais toujours gentilhomme, et seigneur du château Maigret : mes titres sont là, et tous les sans-culottes du monde ne m'empêcheront pas d'avoir des aïeux qui m'ont laissé des parchemins, et avec des aïeux et des parchemins on est noble autant qu'il est possible de l'être.

Laurent ne concevait pas que l'on pût avoir tant d'amour pour des geus qui étaient morts depuis deux ou trois cents ans, et autant de vénération pour des chiffons crasseux que l'encre blanchie par les années rendait presque illisibles ; mais comme Chrysostôme lui payait régulièrement ses gages, le reste lui était à-peu-près égal.

L'isolement dans lequel vivait Chrysostôme le préserva des dangers qu'il aurait courus dans le monde ; son château ne valait guère la peine qu'on le démolît, et sa fortune était

trop modique pour qu'on songeât à
la lui ravir. Bien résolu à vivre cloîtré
jusqu'au retour de ce qu'il appelait le
bon temps, il écrivait pour charmer
ses loisirs, à son ami le baron de
Boisclairet, qui de son côté instruisait
Chrysostôme des principaux événemens qui se passaient à Paris, où il
était revenu avec sa pupille.

« Mon cher baron, écrivait un
» jour M. du Maigret, vous me man-
» dez que les vilains de Paris sont
» encore plus fous que le mois passé,
» et vous paraissez croire qu'en pro-
» vince la roture est plus raisonna-
» ble ; hé bien, mon cher ami, vous
» êtes dans l'erreur : ce mal dont
» vous vous plaignez a étendu par-
» tout ses ravages, et mes vassaux
» n'en sont pas plus exempts que les

» Parisiens. Croiriez – vous , baron ,
» que mon manant de fermier ose
» me donner le titre de *citoyen* sur
» une lettre qu'il m'adresse , et qu'il
» ose me menacer de me poursuivre
» judiciairement si je ne fais réparer
» certains murs qui tombent de vé-
» tusté ?.... Ces gens là ne respectent
» rien , parce qu'ils se croient les
» plus forts et par conséquent les
» maîtres ; mais s'il plaît à Dieu , cela
» ne durera pas long-temps , et ils
» paieront cher leur impertinence....
» l'insolent !...... *citoyen*...... Citoyen
» toi-même , vassal ! lui ai-je ré-
» pondu , car ce mot là m'avait mis
» dans une furieuse colère , et j'ou-
» biais dans ce moment que les gen-
» tils n'étaient pas les plus forts......
« Excepté le fidèle Laurent, personne

» ne m'appelle plus *monseigneur*,
» encore le maraud se contente-t-il
» quelquefois du monsieur, ce qu'il
» n'eût certainement pas osé avant
» cette maudite révolution que des
» enragés trouvent admirable, com-
» me s'il était bien beau d'appeler
» *monsieur* ou *citoyen* un gentil-
» homme qui compte seize quar-
» tiers.... Ces animaux là n'ont pas
» un pouce de terrain, et ils vous
» parlent sans cesse du *sol de la pa-*
» *trie*; ils n'ont pas un parchemin à
» montrer, et ils parlent d'honneur
» et de gloire !... l'honneur! canaille !
» cela est bien fait pour vous !......

    » Je ne sors pas de mon château,
» car je sens que je ne pourrais faire
» un pas sans entrer en fureur, et je
» me suis relegué dans la tour de

» l'ouest pour ne pas entendre chas-
» ser sur mes terres : croiriez-vous,
» mon cher de Boisclairet, que ces
» misérables paysans viennent chas-
» ser en plein jour jusque sous les
» murs du château Maigret, et qu'ils
» ont eu l'audace de se moquer de
» mes défenses ? Ils prétendent que
» le gibier détruit leurs récoltes, et
» qu'il n'est pas juste qu'ils meurent
» de faim pour mon bon plaisir.......
» Ah ! s'ils avaient osé dire cela à
» mon père !... Baron, c'est un grand
» malheur que je ne sois pas minis-
» tre comme cela devait être ; et en
» vérité je regrette fort d'avoir tant
» dépensé d'argent pour apprendre
» un métier que je ne fais pas et que
» j'aurais si bien fait !.....

» Non-seulement je ne puis plus

» me faire obéir par mes vassaux ;
» mais je ne suis plus maître même
» dans le château : Laurent m'a si-
» gifié qu'il ne porterait plus ma li-
» vrée, attendu que son habit lui
» attirait, lorsqu'il allait dans le vil-
» lage, les huées de tous les paysans,
» et un butor de meunier qui est
» maire depuis quinze jours, m'a
» fait sommer d'enlever de dessus la
» porte de mon château, les armoi-
» ries que mon bisaïeul y avait fait
» sculpter. J'ai refusé d'obéir à cette
» insolente sommation, et je pen-
» sais que le butor de meunier n'o-
» serait aller plus loin ; mais je me
» trompais, il vint lui-même à la tête
» de quelques animaux de son es-
» pèce, et ils enlevèrent à coups de

» haches, les armes de ma maison.
» C'était vraiment quelque chose de
» curieux que cette grosse bête de
» meunier en bonnet de coton et dé-
» coré d'une écharpe aux trois cou-
» leurs : je voyais par les crénaux de
» ma tour ce qui se passait ; il me
» prit une terrible envie de faire pen-
» dre tous ces infâmes, et je crois,
» foi de gentilhomme, que j'en au-
» rais donné l'ordre, si j'avais eu
» quelqu'un pour l'exécuter.

» Je croyais, après tout ce que je
» viens de vous raconter, que l'in-
» solence de ces rustres ne pouvait
» aller plus loin.... je me trompais,
» Baron, je me trompais étrange-
» ment : il y avait au plus deux heu-
» res que mon noble écusson avait

» été brisé par des haches roturières,
» lorsque Laurent vint m'apprendre
» qu'une douzaine de soldats, munis
» d'un ordre du maire, venaient d'ar-
» river au château où ils prétendaient
» loger.... Ah ! baron, ce fut dans ce
» moment que je regrettai de n'être
» pas ministre !...... si je l'avais été
» seulement dix minutes, l'infâme
» meunier eût été pendu à la gi-
« rouëtte de la plus haute tourelle de
» mon château, et son corps eût fait
» voir à tous les vilains de deux lieues
» à la ronde, ce que l'on gagnait à
» insulter un homme de notre con-
» dition. Décidément, mon cher ba-
» ron, il faut que les honnêtés gens
» prennent un parti violent. Quant
» à moi je prends celui de rester

» chez moi, et comme j'ai du carac-
» tère, les vilains ne sont pas prêts
» de jouir du plaisir de me voir.
» Comment se fait-il donc que nous
« soyons les plus nombreux, les plus
» forts et les plus habiles, et qu'une
» poignée de manans nous fasssent
» la loi ?

» Les soldats que le maire a logés
» chez moi, ont été bien attrapés ;
» car depuis huit jours qu'ils sont au
» château, je ne suis pas sorti de ma
» tour de l'ouest, et ils peuvent bien
» compter qu'ils partiront sans que
» je leur aie fait voir seulement le
» bout de mon nez. Voilà ce que
» c'est, baron, que d'être ferme ; si
» tous les gens de qualité avaient au-
» tant de caractère que moi, les cho-

» ses en iraient bien mieux, c'est
» moi qui vous le dis, et j'en dois
» savoir quelque chose, puisque j'ai
» postulé pour être ministre, et
» que par conséquent je m'entends
» mieux qu'un autre à gouverner
» les hommes..Je dois vous dire, au
» reste, que je ne perds pas grand-
» chose à rester chez moi et à n'y
» recevoir personne ; car j'ai ouï dire
» par Laurent, qu'il n'y avait plus
» un noble à plus de six lieues à la
» ronde : mes vassaux ont chassé
» leur curé, et le chantre se dit pa-
» triote, de sorte que je ne franchi-
» rais les murailles de mon château
» que pour voir d'insolens vilains, et
» que ces misérables sont les seuls
» que je pourrais recevoir.

» Laurent m'a encore appris que
» bon nombre d'honnêtes gens
» avaient pris les armes pour défen-
» dre notre cause, qui est bien la
» plus juste qui ait jamais existé ; car
» après tout, et malgré les déclama-
» tions de la roture, un noble est un
» noble, et toutes les puissances de
» la terre ne sauraient m'empêcher
» d'être le fils de mon père. C'est,
» dit-on, dans la Vendée que se bat-
» tent nos défenseurs ; j'ai écrit sur
» mes tablettes le nom de ce pays,
» et je me propose bien d'y aller dès
» que la guerre sera finie, c'est-à-
» dire, dès que nos amis auront
» vaincu, afin d'être un des premiers
» à les complimenter.

» Il y a quelque chose qui me cha-

» grine, mon cher de Boisclairet,
» c'est de savoir que vous habitez
» Paris, et que vous êtes continuel-
» lement entouré d'une foule de mau-
» vais garnemens qui ne font pas
» plus de cas d'un baron que je n'en
» fais d'un vassal; qui sont toujours
» disposés à faire un mauvais parti à
» un homme de condition, et qui ne
» se feraient pas plus de scrupule de
» vous jeter entre quatre murailles,
» que je n'en fais de boire un verre
» d'eau. Mes craintes sont raisonna-
» bles, baron; si vous les partagez,
» je vous engage à venir habiter le
» château du Maigret; je vous don-
» nerai un appartement dans ma tour
» de l'ouest, et il ne tiendra qu'à
» vous d'y vivre tranquille jusqu'au
» retour du bon temps.

» Adieu, mon cher ami, écrivez-
» moi longuement, et mandez-moi
» tout ce qui se passe à Paris. »

CHAPITRE IX.

LES PARVENUS.

Le baron de Boisclairet était un homme auquel les passions avaient fait faire beaucoup de folies ; mais ce n'était pas un sot ; il détestait le nouveau régime ; mais il convenait intérieurement que l'ancien s'accordait peu avec la raison : il tenait peu aux titres que la révolution lui faisait perdre, et le chagrin que cette perte causait à Chrysostôme le fit sourire ; cela

lui donna de l'esprit de son ami une
idée peu favorable, et qui s'accordait parfaitement avec l'opinion qu'a-
vaient de du Mâigret toutes les personnes qui le connaissaient. Cependant cette franchise, cette naïveté
qu'on remarquait dans l'épître de ce
pauvre diable firent plaisir au baron :
il pensa qu'un homme qui disait si
ouvertement ce qu'il pensait était in-
capable de faire le mal sciemment, et
qu'un honnête homme était seul capable de laisser lire ainsi dans son
cœur.

Edmond n'oubliait pas non plus
qu'il devait la liberté, et peut-être la
vie à Chrysostôme, et cette circonstance suffisait pour l'engager à conserver des relations amicales avec ce
champion des vieilles idées.

« Mon cher Chrysostôme, lui ré-
» pondit-il, il vous sied mal de vous
» plaindre des vexations que vous
» éprouvez dans vos terres : votre
» tour de l'ouest, à ce qu'il me pa-
» raît, est une forteresse dans la-
» quelle vous pouvez braver tous les
» ennemis de l'ordre, et il y a main-
» tenant tels princes du sang qui
» donneraient leurs domaines pour
» posséder un pareil asile. Si vous
» étiez aujourd'hui à Paris, vous
» sentiriez tout le prix de la tranquil-
» lité dans laquelle vous vivez ; non-
» seulement les nobles sont forcés
» de renoncer à leurs titres ; mais il
» suffit d'avoir un *de* avant son nom
» pour être traîné à l'échafaud ou
» accroché à la lanterne. Nous som-
» mes maintenant gouvernés par une

» société que l'on appelle *convention*
» et cette *convention* qui ne convient
» à personne, est la plus terrible en-
» nemie des titres et des priviléges.
» Elle passe son temps à faire et dé-
» faire des lois : ce qu'elle a trouvé
» bon hier, elle le trouve mauvais
» aujourd'hui, de sorte qu'il n'y a
» pas de raison pour que cela finisse.
» On a remplacé l'argent par des
» morceaux de papier que l'on donne
» comme étant de l'or en barre, et
» qui dans six mois ne sera bon qu'à
» allumer le feu. Nous sommes acca-
» blés par une disette effroyable, et
» l'on nous délivre chaque jour, au
» nom de la nation et pour notre
» argent, deux onces de pain dont
» vos chiens de chasse ne voudraient
» pas manger. Mon bottier est offi-

» cier municipal ; mon tailleur pré-
» side sa section, et mon épicier vient
» d'être pendu comme accapareur
» parce que l'on a trouvé dans son
» magasin trente livres de riz. Tout
» cela n'empêche pas que l'on élève
» de nouveaux théâtres qui se rem-
» plissent de spectateurs, tandis que
» les églises sont désertes. Cependant
» la convention a bien voulu per-
» mettre qu'il y eût un dieu qu'elle
» appelle l'Etre suprême, attendu
» que lorsqu'elle ne peut changer le
» fond, elle change au moins la for-
» me. En conséquence de cette re-
» connaissance nous avons été té-
» moin d'une superbe fête en l'hon-
» neur de l'Etre suprême substitué à
» la déesse raison.

» Nous avons des journaux de

» toutes les couleurs, qui déclament
» quotidiennement contre toutes les
» institutions, et qui épuisent pour
» se combattre le vocabulaire des in-
» jures.

» Vous vous plaignez de votre
» meunier, mon cher ami, mais que
» diriez-vous donc si vous étiez com-
» me moi obligé de porter le mous-
» quet, et si votre portier se trouvait
» être votre capitaine comme cela
» m'arrive? Que diriez-vous si l'on
» vous forçait de crier : *vive la répu-*
» *blique* et *à bas les aristocrates?*
» Voilà pourtant où j'en suis, mon
» cher Chrysostôme, et je ne puis
» sans courir de grands dangers quit-
» ter la capitale, attendu que depuis
» que la France est libre, un *citoyen*
» ne peut faire un pas sans la per-

» mission de la police : il me faudrait
» prendre un passe-port, et pour
» avoir cette pièce, je serais obligé
» de décliner mon nom, ce qui éveil-
» lerait l'attention des sbires prépo-
» sés à la chasse des nobles. Je me
» soumets à tout, non que je craigne
» pour moi, car je puis dire que la
» crainte est un sentiment qui m'est
» étranger ; mais parce que j'ai à con-
» server la fortune d'une pupille, et
» qu'il n'est pas de sacrifice que je
» ne sois disposé à faire pour y par-
» venir.

» Une pensée me console, mon
» cher du Maigret, et elle doit vous
» consoler aussi ; c'est que l'histoire
» nous apprend que les révolutions
» des états sont des monstres qui dé-
» vorent ceux qui les ont créés, et

» cela est si vrai que plusieurs des
» membres de cette convention qui
» nous gouvernent ont déjà rougi
» l'échafaud de leur sang, de sorte
» que pour peu que cela dure, les
» infâmes se feront justice à eux-
» mêmes.

» Ce qu'il y a d'extraordinaire
» dans tout cela, c'est que l'armée
» française composée d'officiers et de
» soldats sans expérience, et obligée
» de faire tête à toutes les puissances
» de l'Europe, remporte des victoi-
» res continuelles. Ce nom de liberté,
» car on n'en connaît vraiment que
» le nom, produit un effet magique,
» et il semble que ces hommes soient
» invincibles depuis qu'ils se croient
» libres. Les puissances de l'Allema-
» gne qui devaient faire de si rapides

» conquêtes, battent en retraite de-
» vant les volontaires républicains,
» et l'élite de la noblesse française,
» rassemblée de l'autre côté du Rhin,
» est toute étonnée de voir des en-
» fans presque sans armes défendre
» le passage de ce fleuve.

» Vous regrettez de n'être pas mi-
» nistre, mon ami, et en vérité vous
» devriez plutôt vous en réjouir; car
» celui qui est ministre ce matin n'est
» pas sûr qu'il le sera ce soir; et il
» arrive quelquefois qu'il n'y a qu'un
» pas du ministère à la Grève.

» Jamais on n'a tant parlé de li-
» berté, et jamais les prisons n'ont
» été si pleines qu'elles l'étaient, il y
» a quelques semaines; on avait été
» obligé d'en créer de nouvelles qui
» s'étaient trouvées remplies pres-

» qu'aussitôt, de sorte que si cela
» avait continué, la moitié de Paris
» eût été transformée en cachots ;
» mais on a trouvé, pour parer à cet
» inconvénient, un moyen tout sim-
» ple : des bandes d'assassins ont été
» envoyées dans les prisons, et, sans
» autre forme de procès, elles ont
» envoyé dans l'autre monde les gens
» qu'on ne savait où mettre dans ce-
» lui-ci. Des milliers de victimes ont
» été égorgés aux cris de *vive la*
» *nation*, comme si la nation pou-
» vait être complice des crimes d'une
» poignée de scélérats.

» Le peuple n'a jamais été plus
» misérable que depuis qu'il s'est
» proclamé souverain ; chaque jour,
» une foule de malheureux poussés
» par la faim et le désespoir vont de-

» demander du pain à la convention
» qui leur fait les honneurs de la
» séance et les laisse expirer de be-
» soin.

» Les biens des émigrés et les
» biens du clergé, ont été déclarés
» *biens nationaux*, et sont vendus
» comme tels; mais le gouvernement
» qui s'est approprié ces biens n'ins-
» pirent pas la moindre confiance, il
» se présente peu d'acquéreurs, et
» il arrive qu'un domaine de cent
» mille écus est vendu dix mille
« francs : par ce moyen, d'anciens
» laquais sont devenus riches pro-
» priétaires, et un grand nombre de
» petits boutiquiers sont aujourd'hui
» de gros commerçans : c'est un tour
» de roue qui produit des choses
» bien extarordinaires, et qui ne laisse

» pas d'avoir un côté très-plaisant.
» Il y a quelques jours qu'un person-
» nage vint louer un appartement
» dans l'hôtel que j'habite ; il le fit
» meubler avec magnificence , et
» vint s'y installer avec sa famille.
» Ce personnage qui se fait appeler
» Jaquinville, et qui se pique de sa-
» voir vivre, fit visite à tous les ha-
» bitans de l'hôtel , et deux jours
» après il les invita à dîner. La
» crainte de me faire un ennemi dans
» la personne du citoyen Jaquinville,
» fut cause que je me rendis à son
» invitation, et bien me prit d'agir
» ainsi, comme je l'appris par la
» suite, attendu que le citoyen est
» ce que l'on appelle aujourd'hui
» un patriote déterminé, qui a acheté

» une grande quantité de biens na-
» tionaux, moyennant une grande
» quantité d'assignats qu'ils était pro-
» curés pour une très-petite quantité
» de numéraire. Le citoyen Jaquin-
» ville est, de plus, fournisseur de
» nos armées qui manquent de tout;
» il jouit d'un grand crédit auprès
» des citoyens ministres, et il a beau-
» coup d'influence sur tous les ci-
» toyens patriotes.... Mais je reviens
» au dîner dont je vous ai parlé : les
» convives étaient nombreux , les
» mets recherchés, les vins choisis; et
» l'on eût pu se croire à la table d'un
» grand seigneur du bon temps. Je
» commençais déjà à me faire illu-
» sion, lorsque la citoyenne Jaquin-
» ville, qui n'avait encore rien dit ,

» s'écria en chargeant son assiette
» d'une énorme tranche de saumon :
» *voilà un fameux fricot tout d'mé-*
» *me ; faut avouer qu'André est*
» *un gas qu'entend bien sa partie.*
» A ces mots, tous les convives par-
» tirent en même-temps d'un éclat
» de rire qu'il eût été impossible de
» retenir même avec la meilleure vo-
» lonté. Le citoyen Jaquinville seul
» ne rit pas : — Citoyenne, dit-il en
» regardant sa moitié d'un air mena-
» çant, citoyenne, taisez-vous !......
» vous n'êtes qu'une bête !....

» A ces mots, la citoyenne fu-
» rieuse, et roulant les yeux comme
» une possédée, se leva de table, mit
» ses poings sur ses hanches, et
» apostrophant le citoyen son mari :

» — Ah ! je ne suis qu'une bête !
» moi ! Madelaine Tricot, je ne suis
» qu'une bête !... jour de Dieu ! Jac-
» ques, si ce n'était par respect pour
» *l'agriable* société, je te ferais ben
» voir que je ne me mouche pas du
» pied; entends-tu..... Parce que de
» meunier t'es devenu évêque, qu'tas
» mis trois lettres de plus à ton nom,
» qu't'as quitté le service d'un quel-
» qu'un comme y faut, et que la *ré-*
» *publique* t'a fait un *crisus*, faut
» pas te mettre dans l'œil qu't'es sorti
» de la côte de St.-Louis...

   » Il serait impossible, mon cher
» Chrysostôme, de vous donner une
» idée de la fureur, ou plutôt de la
» rage du citoyen Jaquinville, non
» plus que de la gaieté de tous les

» convives; les éclats de rire devin-
» rent si bruyans, qu'ils couvrirent
» les rugissemens de l'amphytrion et
» la voix tonnante de sa grosse moi-
» tié ; de ma vie, je n'avais assisté à
» un spectacle aussi buffon, et il y
» avait bien long-temps que je n'a-
» vais ri de si bon cœur. On eut
» beaucoup de peine à empêcher les
» époux de se jeter les assiettes au
» visage, et il fallut pour y parvenir
» les efforts de tous les convives ;
» mais enfin le calme se rétablit ; les
» antagonistes firent la paix, et on
» continua à exploiter *le fameux*
» *fricot du gas André.*

» Il est vraiment déplorable, mon
» ami, de voir les rênes du gouver-
» nement entre les mains de gens

» si peu capables de les tenir; pour-
» tant en examinant les choses sans
» passion, on trouve que tout le
» tort n'est pas du côté du peuple :
» il est vrai qu'il a commis de grands
» crimes ; il est vrai que son peu de
» lumières est cause de tout le mal
» qu'il a fait ; mais il est aussi in-
» contestable que l'ignorance du
» peuple n'est due qu'à la manière
» dont il a été gouverné ; il est in-
» contestable qu'un roturier est un
» homme que l'on a presque tou-
» jours traité comme une brute, au
» lieu de dire au peuple : *obéis et*
» *tais-toi*, on eût mieux fait de l'é-
» clairer, et de lui prouver par de
» bonnes raisons, qu'il ne pouvait
» être heureux qu'en obéissant. En

» définitive, mon cher Chrysostôme,
» un homme, quels que soient ses
» titres, ne saurait être qu'un hom-
» me ; il est beau de compter au
» nombre de ses ancêtres, des hom-
» mes qui ont fait de belles choses ;
» mais il est bien plus beau d'en faire
» soi-même, et je crois que la no-
» blesse que l'on acquiert par des
» vertus, vaut bien celle dont on
» hérite.

» La tourmente révolutionnaire
» me fait courir de grands dangers,
» mais elle me fait faire de sérieuses
» réflexions, et je crois que par cela
» même que le peuple est le moins
» éclairé, il est aussi le moins cou-
» pable.

» Adieu, mon cher du Maigret :

» il me semble vous entendre dire
» en lisant les derniers paragraphes
» de ma lettre, que ce sont là des
» vérités un peu dures; mais enfin
» ce sont des vérités, et je suis sûr
» que vous en conviendrez avec cette
» franchise que je vous connais.

— C'en est fait, s'écria Chrysostôme, après avoir lu cette lettre; le génie du mal augmente chaque jour le nombre de ses prosélytes, et la bonne cause est abandonnée... Le baron de Boisclairet est cependant un homme d'honneur : il a beaucoup d'esprit, et il faut bien qu'il y ait quelque chose de vrai dans ce qu'il me mande à la fin de sa lettre; mais on ne me fera jamais croire qu'un gentilhomme ne vaille pas mieux

qu'un vilain. Au reste, le temps en
~~décidera~~, ~~et en attendant~~ je me tien-
drai *coi*, afin de n'avoir pas de reproches à me faire.

CHAPITRE X.

LES JEUNES AMANS. — IL EST PARTI.

Plusieurs années s'écoulèrent pendant lesquelles le baron de Boisclairet fut assez heureux pour vivre ignoré au sein de la capitale, tandis que le seigneur du Maigret toujours enfermé dans sa tour de l'ouest, méditait sur les lettres que lui adressait de temps en temps son ami. A cela près

de quelques petites vexations, Chrysostôme n'eut presque pas à souffrir
de la révolution, et il est même pré-
sumable qu'il eût pardonné aux par-
tisans du nouvel ordre de choses, si
ces derniers lui eussent conservé son
titre de gentilhomme auquel il tenait
pardessus tout.

La nièce du baron grandissait et em-
bellissait en même temps; elle joi-
gnait à sa beauté beaucoup d'esprit,
une grande fortune, et tous les talens
que doit posséder une femme aimable; Eugénie enfin semblait être née
tout exprès pour faire une héroïne
de roman, ce qui est très-avantageux
pour vous, ami lecteur, attendu que
s'il n'en eût été ainsi, l'admirable
histoire dont vous allez entamer le
quatrième volume n'eût jamais été

écrite, et que par conséquent elle ne passerait point à la postérité, ce qui serait vraiment un grand malheur.

Depuis long-temps, l'empire avait succédé à la république; Eugénie venait d'atteindre sa dix-huitième année, et l'amour n'avait pas encore fait battre son cœur; le baron de Boisclairet, moins scrupuleux que son ami Chrysostôme avait accepté une place au conseil d'Etat; il se trouvait de nouveau lancé dans le monde, et sa pupille qui aimait le plaisir comme toutes les jeunes filles, était enchantée d'avoir un oncle conseiller, attendu que le titre du tuteur, et les charmes de la pupille faisaient que l'un et l'autre étaient admis dans les plus brillantes réunions.

On était dans la saison des bals; le

ministre de la guerre en donnait un
auquel de Boisclairet et sa jolie nièce
avaient été invités : Eugénie avait déjà figuré dans plusieurs quadrilles,
lorsqu'elle fut invitée de nouveau à
danser, par un jeune homme qu'elle
avait remarqué dès le commencement du bal, et auquel elle pensait
involontairement, lorsqu'il vint lui
présenter la main ; Eugénie crut sentir que cette main pressait doucement
la sienne, et elle rougit sans savoir
pourquoi ; le jeune homme lui adressa
quelques complimens, et le cœur de
la jolie pupille commença à battre,
sans qu'elle pût se rendre compte de
ce qu'elle éprouvait. Quant à vous,
lecteur malin, vous avez déjà deviné
que l'amour était de la partie.

Avant la fin du bal, Eugénie savait

déjà que le beau jeune homme s'appelait Alphonse de Marincourt, et qu'il était le neveu du ministre; de son côté, le jeune homme sut qu'Eugénie était la pupille de Boisclairet, et il profita de ce moment pour faire la connaissance du conseiller auquel il demanda la permission de lui faire quelques visites. Le baron qui connaissait les hommes, vit tout d'abord de quoi il s'agissait : il pensa que le neveu d'un ministre était le parti le plus convenable à sa nièce, et il se garda bien de mettre le moindre obstacle aux vœux du jeune homme.

Plusieurs mois s'écoulèrent, Alphonse devenait de plus en plus assidu auprès d'Eugénie qu'il adorait et dont il était aimé. Aux soupirs avaient succédé de tendres aveux,

puis des sermens, puis de délicieux
entretiens dont le sujet, toujours le
même, semblait toujours nouveau;
on se répétait le lendemain ce que
l'on s'était dit la veille, et l'on était
enchanté de se trouver tant d'esprit.

Cependant, si de Boisclairet voyait
avec plaisir que sa nièce eut fait la
conquête du jeune de Marincourt, il
s'en fallait de quelque chose que l'oncle d'Alphonse pensât de même : il
avait appris que son neveu était épris
des charmes d'Eugénie, et bien que
cette dernière fût héritière d'une fortune assez considérable, le ministre
pensait qu'Alphonse pouvait préten-
dre à la main d'une femme d'un rang
beaucoup plus élevé. Mais le ministre
connaissait le cœur humain; il savait
que s'opposer ouvertement aux des-

seins de son neveu ce serait le moyen
de l'affermir dans sa résolution ; il
savait que les obstacles augmentent
l'amour au lieu de l'éteindre, et il
était persuadé que les amans s'aime-
raient davantage par cela seul qu'on
leur défendrait de s'aimer : depuis le
commencement du monde, le fruit
défendu a toujours été le plus recher-
ché., et nous avons tous hérité de l'esprit de contradiction qui animait notre bonne mère Eve.

Le ministre ne fit donc point à Alphonse des observations qu'il savait
inutiles et même dangereuses ; il ne
dit pas un mot qui pût faire soupçonner qu'il désapprouvait le choix
qu'avait fait son neveu ; mais il se
disposa à frapper un coup terrible et

capable de renverser en un instant les projets des amoureux.

L'armée française venait d'éprouver un terrible revers ; elle avait vaincu l'Europe ; elle venait elle-même d'être vaincue par le climat terrible de la Russie ; dix rois venaient de se ligner contre la France, et des cohortes innombrables accourues du fond de la Tartarie avaient pénétré sur notre territoire. Napoléon appelait aux armes tous les Français capables de les porter ; mais le prestige de gloire qui avait si long-temps environné cet homme extraordinaire, était maintenant détruit ; les Français étaient las du joug de fer qui depuis dix ans pesait sur eux, et ces hommes qu'on avait vu courir aux armes avec enthousiasme, lorsqu'il avait fallu défendre la liberté, voyaient presque avec indifférence la patrie envahie par des peuplades à demi-sauvages. En vain Bonaparte promettait-il de brillantes récompenses au courage et à la valeur ; il fallait plus que des promesses ; il fallait même plus que des menaces pour contraindre des hommes naturellement intrépides à marcher à l'ennemi, et le chef du gouvernement, ne pouvant plus compter que sur une poignée de vieux soldats, sentait sa puissance s'anéantir, et les rênes du monde lui échapper.

Ces circonstances désastreuses étaient favorables aux projets du ministre ; elles lui fournissaient l'occasion de montrer un beau dévouement et à la fois d'empêcher l'union de son

neveu avec la nièce du baron de Boisclairet.

On était au milieu de l'hiver, il faisait un froid terrible, et le jour commençait seulement à poindre, lorsque l'on vint avertir de Marincourt
que son oncle désirait lui parler sur-
le-champ. Alphonse étonné se lève à
la hâte, et se rend dans le cabinet du
ministre où ce dernier était déjà.

— Alphonse, lui dit-il, vous avez
vingt-quatre ans, vous posséderez un
jour une fortune considérable ; mais
cela ne suffit pas à un homme destiné
comme vous semblez l'être, à parcou-
rir une carrière brillante : je vous ai
déjà offert plusieurs places importan-
tes, capables de vous faire arriver aux
honneurs, et que vous avez refusées
avec dédain.....

— Mon oncle, permettez-moi de vous répéter ce que je vous ai dit quelquefois : j'aime l'indépendance par-dessus tout, je la préfère à tous les honneurs de la terre, et je vous supplie de me permettre de rester libre.

— Cela n'est plus possible, l'empereur m'a reproché l'inaction dans laquelle je vous laissais vivre, il m'a dit qu'il vous verrait avec plaisir dans les rangs de l'armée. Vous le savez, ses désirs sont des ordres...

— Pour vous, mon cher oncle ; mais ils n'en sont point pour moi...

— Ecoutez-moi, Alphonse, il a fallu répondre à l'empereur ; je sentis qu'un refus me mettrait en disgrâce, et je demandai pour vous le grade de capitaine dans les gardes d'honneur qui viennent d'être créées : voici votre brevet, si vous le refusez, je suis perdu.

Ces dernières paroles firent une vive impression sur le jeune homme ; le ministre était son bienfaiteur ; il le chérissait comme un père, il eût renoncé à tout, excepté pourtant à Eugénie, plutôt que de se rendre coupable d'ingratitude.

— S'il en est ainsi, dit-il après quelques instans de réflexion, je partirai ; mais n'espérez pas me voir suivre long-temps une carrière tout-à-fait en opposition avec mes goûts : dès que l'ennemi sera chassé du territoire français, j'abandonnerai l'épée que je suis forcé de prendre. Comptez sur moi, mon oncle, je partirai dans huit jours.

— Cela est impossible, mon cher Alphonse : l'empereur passe après demain la revue des gardes d'honneur assemblés à Soissons ; s'il vous voit à la tête de votre compagnie, cela fera un très-bon effet. Il y a maintenant dans la cour de l'hôtel une chaise et des chevaux de poste, j'ai fait faire pour vous des malles dans lesquelles vous trouverez un uniforme complet et tout ce dont vous avez besoin : recevez ma bénédiction, et partez sur-le-champ. Valentin vous suivra ; c'est un fidèle garçon qui a fait la guerre pendant quelque temps et qui reverra les camps avec plaisir.

— Quoi, mon oncle ; vous voudriez que je partisse avant.... cela est impossible !....

— Je croyais, Alphonse, que tout

vous était possible lorsqu'il s'agissait de me rendre un service....

— Mon oncle, le sacrifice que je fais aujourd'hui de ma liberté est la plus grande preuve d'attachement que je puisse vous donner; je vous demande seulement un délai de quelques heures, le temps de faire mes adieux à quelques amis.

— Vous oubliez que l'empereur passera la revue après demain; que vous n'arriverez que ce soir, et que vous n'aurez que vingt-quatre heures pour vous préparer. Encore une fois, vous êtes libre, Alphonse; ce n'est pas un ordre que je vous donne, c'est un service que je réclame de vous.

Tandis que le ministre parlait, de Marincourt se promenait à grands pas dans le cabinet ; il pensait à Eugénie ; sa poitrine était oppressée, et il ne pouvait se résoudre à quitter Paris avant d'avoir vu une fois encore sa jeune amie, mais réfléchissant au peu de distance qui sépare la capitale du lieu où il allait rejoindre sa compagnie, il pensa qu'il ne lui faudrait que trente-six heures pour venir après la revue, instruire le baron de Boisclairet et sa pupille de ce qui lui était arrivé. Rassuré par cette réflexion, il fit ses adieux à son oncle, et accompagné de Valentin, il monta dans la chaise qui l'attendait et qui partit aussitôt.

CHAPITRE XI.

MYSTIFICATION.

Alphonse s'arrêta quelques instans à la première poste ; il écrivit à la hâte au baron de Boisclairet ; il lui avouait franchement tout ce qui s'était passé entre lui et son oncle ; il lui faisait part de la peine qu'il avait éprouvée en quittant Paris sans avoir pris congé de l'aimable Eugénie et de son cher tuteur, et il finissait en.

promettant de saisir la première occasion pour revenir près d'eux, ne
fût-ce que pour y passer une heure.

— Valentin !

— Monsieur ?

— Informe-toi de quel côté est la
poste aux lettres de ce village, et
cours; jette ce paquet dans la boîte
et reviens promptement.

Le ministre avait ses vues en don-
nant à son neveu, un domestique de
son choix : il avait bien prévu qu'Alphonse ne manquerait pas d'entretenir par une correspondance active,
l'amitié qui le liait avec le baron, et
l'amour qu'il avait inspiré à la nièce
de ce dernier. Valentin avait, à ce sujet, reçu des instructions particu-
lières; il devait intercepter toutes les
lettres du neveu, et les envoyer di-

rectement à l'oncle. En conséquence,
il fit un tour dans le village, mit la
missive de son maître dans sa poche,
et revint à l'auberge où Alphonse
prenait un bouillon tandis que l'on
changeait les chevaux.

On arrive à Soissons le soir ; de
Marincourt endosse à la hâte son
uniforme, et se fait conduire aussitôt
chez son colonel, pour lequel le ministre lui avait donné une lettre.

— Je suis enchanté, lui dit le colonel, de compter au nombre des
officiers de mon régiment, le neveu
de son excellence.

— Puisqu'il faut que je porte les
armes, je suis charmé, colonel, d'être
sous vos ordres ; mais je dois vous
dire que mes goûts ne me portaient
point à embrasser l'état militaire : il

n'a pas fallu moins qu'une réunion de circonstances telles que celles où se trouve la France pour me décider à me ranger sous les drapeaux de ses défenseurs. Mais il s'agit maintenant de toute autre chose que de discuter les avantages de la carrière militaire ; vous savez sans doute, colonel, que l'empereur doit passer après-demain la revue de votre régiment, et je viens prendre vos ordres à ce sujet.

— L'empereur ! dites-vous, mais cela est impossible : il est maintenant au fond de la Champagne où il bat les Prussiens.

— Ne savez-vous pas, colonel, que cet homme là est par tout ; qu'il est capable de chasser aujourd'hui dans la forêt de St.-Germain, et de battre demain l'ennemi sur la fron-

tière ? L'empereur sera ici après demain ; cela est sûr ; je le tiens de mon
oncle lui-même qui m'a fait partir
en poste afin que je puisse être à la
tête de ma compagnie lors de la revue.

— Il est bien extraordinaire, reprit le colonel, que son excellence
ne me mande pas un mot de cela
dans la lettre qu'elle m'adresse. Au
surplus je ferai mes dispositions.

Alphonse se retira en réfléchissant
sur cette entrevue ; il trouvait aussi
bien extraordinaire que le ministre ne
parlât pas dans sa lettre de cette revue à laquelle il avait semblé attacher
une si grande importance, et il commença à soupçonner que son oncle
avait eu pour lui faire quitter Paris si
précipitamment d'autres raisons que
celles qu'il avait alléguées.

— Si cette revue n'a point lieu, se dit-il, il sera clair alors que mon oncle n'a eu d'autre motif pour me faire partir, que celui de m'éloigner d'Eugénie dont le rang et la fortune ne lui paraissent pas convenables pour le neveu d'un ministre. Ces hommes dont le cœur froid pèse les sentiments au poids de l'or, ne conçoivent pas qu'il y ait dans le monde quelque chose de préférable à un titre et à une grande fortune. Tant que j'ai cru que le ministre n'avait pressé mon départ que pour obéir aux ordres de son maître et lui être agréable, j'ai dû me sacrifier pour un homme qui m'avait habitué à le regarder comme mon père ; j'ai pu disposer de ma vie et de mon bonheur, parce qu'ils m'appartiennent ; mais il n'en est pas de même de la vie et du bonheur d'Eugénie, et je sais que je détruirais l'une et l'autre, si je renonçais à la main de cette femme céleste. Attendons afin d'éclaircir tout cela ; si la revue n'a point lieu, il sera certain que mon oncle m'aura trompé, et alors il aura de mes nouvelles.

Cependant le colonel persuadé qu'un ministre ne pouvait se tromper, ce qui n'est pourtant pas l'avis de tout le monde, fit tous les préparatifs nécessaires pour la revue ; il fit en outre prévenir tous les autres régimens qui se trouvaient à Soissons, de sorte que le bruit courut bientôt dans tous les quartiers de la ville que l'empereur allait arriver ; les autorités constituées se rassemblèrent à la hâte ; les secrétaires se mirent à composer des discours ; la garde nationale se tint prête, et le jour dit, à six heures du matin on était sous les armes : les canons sont chargés, les canonniers sont à leur poste ; les sonneurs sont au clocher, et l'on jouit d'avance de la surprise de Napoléon qui croit n'être pas attendu.

Cependant plusieurs heures s'écoulent, et rien n'annonce l'arrivée du grand personnage que l'on attend : il est midi, les soldats jurent et battent la semelle pour ne pas geler ; le corps municipal qui attend à la porte de la ville commence à souffler dans ses doigts ; les sonneurs quittent le clocher pour la sacristie ; et les gardes nationaux s'entassent dans les cabarets.

Le colonel des gardes d'honneur
fronce le sourcil, il commence à croire
que tant de frais sont faits en pure
perte ; et il regarde Alphonse d'un
air mécontent.

— Capitaine, lui dit-il, êtes-vous
bien sûr que ce soit pour aujour-
d'hui ?

— Colonel, je vous ai rapporté ce
que m'avait dit mon oncle ; je n'en
sais pas davantage à ce sujet.

Le colonel fit la grimace, remonta
à cheval, et il se disposait à faire faire
un demi-tour à son régiment pour le
faire rentrer au quartier, lorsque des
salves d'artillerie se firent entendre ;
au même instant le son des cloches
se mêla au bruit des tambours ; les
gardes nationaux coururent reprendre leurs fusils, l'ordre se rétablit

par tout, et chacun fut persuadé que
Bonaparte allait paraître. Voyons
maintenant ce qui se passe à la porte
de la ville où se trouvait le corps municipal.

Il était plus de midi ; les autorités,
mourant de froid, commençaient à
délibérer pour savoir si elles ne feraient pas bien d'aller déjeuner, et il
est probable qu'elles allaient prendre
ce parti, lorsqu'une douzaine d'habitans qui avaient poussé une reconnaissance jusqu'à une demi-lieue de
la ville accoururent en toute hâte, et
assurèrent qu'ils avaient vu de loin un
équipage qui s'avançait rapidement ;
quelques uns d'entre eux prétendirent
qu'à l'aide de longues vues, il avaient
parfaitement reconnu les armes de la
voiture ; d'autres soutinrent qu'ils

avaient compté les chevaux et qu'il y
en avait huit; enfin tous étaient per-
suadés que c'était l'empereur, et ils
s'attendaient à le voir arriver à chaque minute. Le maire repassait son
discours, et les autorités décrottaient
leur manteau, lorsque la voiture an-
noncée par les bourgeois parut en
effet ; mais il se trouva que c'était tout
simplement une mauvaise chaise de
poste, et qu'au lieu de huit chevaux
il n'y en avait que deux. Cependant
on était tellement persuadé que cette
voiture contenait celui qu'on attendait, que les canonniers mirent le feu
aux pièces, et que le maire , tenant
sur un plat d'argent les clefs de la
ville, s'avança près de la chaise de
poste que la foule des curieux avait
forcé de s'arrêter : un homme en sor-

tit, et mit pied à terre ; il était d'une taille moyenne, d'une corpulence peu ordinaire ; il portait un chapeau à corne, et il était vêtu d'une ample redingote grise qui pourtant n'enveloppait qu'à peine son ventre rebondi.

— Messieurs, dit le maire, à ses adjoints en apercevant cet homme, messieurs, il paraît que l'empereur est considérablement engraissé ; il se porte bien, et cela est fort heureux pour nous.

Le petit homme au gros ventre regardait avec surprise autour de lui, et il semblait ne point savoir ce que tout cela signifiait ; mais son étonnement fut bien plus grand, lorsque le maire vint lui débiter le discours que son secrétaire avait bâti la veille.

— Que diable veut dire tout ceci,

s'écria-t-il en interrompant le maire ;
est-ce que vous avez tous perdu le tête
dans ce pays ?

— A dieu ne plaise, sire, reprit le
maire (1), à dieu ne plaise que nous
perdions l'esprit dans un pareil moment, à moins pourtant que ce ne
soit pour le service de votre majesté.

— Qu'est-ce que vous dites donc ,

---

(1) Afin de ne me brouiller avec personne,
attendu que j'aime à vivre en paix, je déclare que je ne connais point les hommes qui
alors formaient les autorités de Soissons, et
que j'ai placé la scène que je décris dans cette
ville, comme je l'eusse placée dans une autre ;
le nom de Soissons s'est présenté sous ma
plume et je l'ai écrit comme j'eusse écrit
Rouen, Montpellier ou tout autre.

ma majesté! est-ce que par hasard les notaires sont rois dans ce pays-ci ?

— Sire, c'est en vain que vous voulez garder l'incognito, le cœur de vos fidèles sujets ne saurait s'y méprendre....

— Ma foi, mes amis, tout ce que vous me dites-là est peut-être bien beau ; mais je vous jure, foi de Champenois, que je n'y comprends absolument rien : je me nomme Nicolas Giblou ; je suis notaire à Rhétel-Mazarin, et je quitte le pays parce que les cosaques l'ont pris : je puis même vous faire voir un passe-port en règle, que je me suis fait délivrer avant de partir...

A ces mots le garde-notes tira de sa poche un énorme portefeuille de cuir noir, et déploya une large pancarte en tête de laquelle on lisait : *De par etc., laissez passer et librement circuler....*

Le maire n'en voulut pas voir davantage ; furieux du quiproquo, il tourna les talons, et s'adressant à ses adjoints et aux autres personnages qui l'accompagnaient : — Messieurs, dit-il, il paraît que nous sommes dupes de quelque fourberie ; cette aventure ne mettra pas les rieurs de notre côté, si nous nous en plaignons ; taisons-nous donc, laissons seulement entendre que nous avons reçu un message qui nous apprend que le voyage de l'empereur est retardé, et par ce moyen notre dignité sera à couvert.

Les adjoints trouvèrent que le maire avait raison, et l'on s'occupa de rétablir le calme dans la ville ; ce ne fut pas facile, car les habitans s'é- taient mis en frais, et ils murmu- raient hautement contre l'autorité qui les avait induits en erreur. Enfin on parvint à faire faire les canonniers et les sonneurs ; les gardes-nationaux rentrèrent chez eux, et les troupes se disposaient à retourner dans léurs ca- sernes, lorsqu'un courrier arriva sur la place où elles étaient rassemblées ; il apportait au commandant de la place, l'ordre de faire partir sur le champ les régimens de cavalerie qui étaient à Soissons. Les gardes d'hon- neur eurent l'ordre de rejoindre l'ar- mée à Château-Thiéry. Alphonse, mécontent de la ruse qu'avait em- ployée son oncle pour l'éloigner d'Eugénie, sentit qu'il ne pouvait

quitter le régiment au moment où celui-ci marchait à l'ennemi ; il se contenta d'écrire de nouveau au baron
de Boisclairet, mais Valentin fit de
celle-ci ce qu'il avait fait de la première, et ce qu'il devait faire de toutes les suivantes.

Le régiment dont Alphonse faisait
partie, arriva à sa destination quelques heures avant la bataille qui se
donna dans ce lieu ; il fit des prodi-
ges de valeur ; la compagnie com-
mandée par de Marincourt se distin-
gua particulièrement, et le coup d'es-
sai du jeune capitaine était presque
un coup de maître : les charmes de
la victoire lui avaient fait pour quelques instants oublier ceux d'Eugénie ; emporté par son courage, il s'é-
tait élancé à la poursuite des vaincus

qui fuyaient en désordre , et il ne s'aperçut de l'isolement dans lequel il se trouvait que lorsque la retraite lui fut coupée. Alphonse assailli de toutes parts se défendit comme un lion; mais enfin couvert de blessures, et affaibli par la grande quantité de sang qu'il avait perdu, il fut fait prisonnier. Son oncle l'apprit; et les regrets cuisants qui le tourmentèrent vengèrent Alphonse de l'espèce de fourberie dont il était victime.

CHAPITRE XII.

LES ALLIÉS.

Plusieurs jours s'étant écoulés, de Boisclairet fut surpris de ne pas voir Alphonse, et Eugénie en fut vivement affectée. — Le perfide, se disait-elle, après tous les sermens qu'il m'a faits!... Et de gros soupirs s'échappaient de son sein, et des larmes venaient mouiller ses beaux yeux; puis on jurait de l'oublier ; puis on se rappelait avec plaisir les instants qu'on avait passés avec lui ; puis on espérait qu'il reviendrait, qu'il se justifierait, et pendant que ces divers sentiments se succédaient, le temps s'écoulait et amenait de grands événemens.

Sur ces entrefaites Chrysostôme écrivit au baron la lettre suivante.

« Les Russes sont chez moi, mon
» cher ami, et le bon temps est re-
» venu...... quand je dis revenu, cela
» n'est pas exact ; mais on est au
» moins certain maintenant qu'il re-
» viendra. Aussitôt que je sus ce qui
» se passait, et que j'eus vu par les
» creneaux de ma tour de l'ouest flot-
» ter les plumes de coqs qui ombra-

» gent les chapeaux de nos alliés, je
» sortis de ma retraite, et je fis ou-
» vrir les portes du château, pré-
» caution très-sage, attendu que
» nos bons alliés paraissaient dispo-
» sés à les enfoncer. Ces gens là,
» mon cher Baron, ne sont pas très-
» polis, et si ce n'était par respect
» pour la bonne cause, je crois que
» je les enverrais au diable. Ils sont
» plus de cinquante dans mon châ-
» teau, où ils mettent tout sens des-
» sus dessous; leur chef qui parle
» français n'en n'est pas meilleur ;
» croiriez-vous qu'il voulait me for-
» cer à lui donner du vin de Cham-
» pagne à chaque repas? Du vin de
» Champagne, mon cher ami, lui ai-
» je répondu, je vous jure par l'épée

» de mon bisaïeul qu'il n'en est ja-
» mais entré une seule bouteille ici.

» — Tu mens, s'écria ce tapageur
» en mettant la main sur la garde de
» son sabre.

» Tu mens!...... a-t-on jamais fait
» pareille insulte à un homme com-
» me il faut? Cette injure me mit
» dans une telle colère, que je tour-
» nai le dos à l'insolent sans lui ré-
» pondre ; je me retirai dans mon
» appartement, et il eut beau crier,
» il fut forcé de se contenter de mon
» cidre..... corbleu! je m'en contente
» bien, moi!.....

» J'ai fait remettre sur ma porte
» les armes de ma maison qu'on m'a-

» vait enlevées, et je viens d'être
» nommé maire. J'en resterai là mon
» ami ; car le séjour que j'ai fait dans
» ma tour de l'ouest m'a rendu ca-
» sanier ; et je ne me sens plus d'hu-
» meur à courir après la fortune et
» les honneurs. Mes vassaux ont été
» tellement surpris, la première fois
» que je suis sorti du château, que
» je me suis trouvé entouré tout-à-
» coup d'une foule immense ; les
» femmes semblaient n'avoir pas as-
» sez d'yeux pour admirer leur sei-
» gneur, les hommes étaient si con-
» tens qu'ils ne pouvaient me regar-
» der sans rire, et les petits garçons
» montaient sur les arbres pour me
» voir passer : il est vrai que je de-
» vais avoir un air bien imposant ;

» car j'avais ceint la redoutable épée
» de mon bisaïeul, et j'avais endossé
» le superbe habit que mon père me
» fit faire en 88 tout exprès pour aller
» à Paris demander au roi une place
» de ministre.

» J'ai été, ces jours derniers, faire
» une visite à mon préfet, afin d'a-
» voir des nouvelles sur la marche
» des affaires.

» — Monsieur le comte, lui ai-je
» dit, ne pensez-vous point qu'il est
» indispensable de rétablir tout sur
» l'ancien pied ? cette division des
» provinces en départemens ne sera-
» t-elle point changée, et ne trouve-
» riez-vous pas beaucoup plus de
» plaisir à vous entendre appeler

» *monseigneur le gouverneur, que*
» *monsieur le préfet?*

» — Mon cher du Maigret, me
» répondit-il en souriant d'une ma-
» nière tout à fait aimable et qui sen-
» tait son ancien régime, mon cher
» du Maigret, je suis parfaitement
» de votre avis, il faut que tout soit
» changé, excepté pourtant les fonc-
» tionnaires qui comme moi sont dé-
» voués au roi.

» — En fait de dévouement, mon-
» sieur le comte, j'espère que je m'y
» connais; il n'y a pas beaucoup de
» gentilshommes qui en aient donné
» de si grandes preuves que celles
» dont je m'honore; vous savez sans
» doute, monsieur le comte, que pen-

» dant vingt-un ans trois mois et cinq
» jours je ne suis point sorti de la
» tour de l'ouest de mon château,
» afin de punir mes infâmes vassaux
» qui était devenus républicains.

» — C'est un beau trait, monsieur
» du Maigret ; soyez sûr que le mi-
» nistre en sera instruit, et qu'il en
» dira quelque chose au roi....... Je
» vous disais donc qu'il serait injuste
» de changer les grands fonctionnai-
» res qui peuvent comme nous pro-
» tester de leur dévouement, et que
» l'on doit songer seulement à chan-
» ger les institutions détestables qui
» existent depuis vingt-cinq ans ;
» mais cela ne peut se faire qu'avec
» le temps ; il faut marcher lentement,
» afin de ne point s'exposer à faire de
» faux pas.

» — Je vous avoue, mon cher
» Baron, que je n'entends pas grand
» chose à cela ; il me semble que rien
» ne serait plus facile que de faire
» disparaître tout d'un coup les tra-
» ces de cette maudite révolution ;
» je ne suis point partisan des demi-
» mesures, et j'aime que l'on fasse
» les choses franchement : quand on
» frappe juste, on ne doit pas crain-
» dre de frapper fort. Et maintenant
» que le drapeau blanc flotte sur les
» tourelles du château Maigret, on
» doit songer à purifier la France.

» Une nuée de cosaques arrive
» régulièrement tous les jours chez
» moi ; je me mets en quatre pour
» les traiter convenablement, et mal-
» gré tous mes efforts, je ne puis

» parvenir à les contenter : ces gens
» là sont bien difficiles!.... Pour peu
» que cela dure encore quelque
» temps, toutes mes ressources se-
» ront épuisées, et il ne restera plus
» chez moi que les murailles. Le re-
» tour du bon temps me coûte un peu
» cher ; mais je me console en pen-
» sant que je suis maintenant plus
» noble que jamais, et que les vilains
» seront à l'avenir moins insolens.

» J'avais l'intention d'aller vous
» voir dans quelques mois, baron ;
» mais je ne sais si je pourrai satis-
» faire ce besoin de mon cœur ; car
» mes finances sont dans un si pitoya-
» ble état, que je n'ai pu payer à
» Laurent le dernier quartier de ses
» gages. Pourtant je ne désespère de

» rien : on a vu depuis vingt-cinq ans
» tant de choses extraordinaires,
» qu'il est permis de croire tout
» possible.

» Adieu, mon cher de Boisclairet;
» donnez plus souvent de vos nou-
» velles, et dites-moi franchement ce
» que vous pensez des affaires du
» jour. »

FIN DU TROISIÈME VOLUME.

TABLE

DES CHAPITRES.

FIN DE LA TABLE.

www.ingramcontent.com/pod-product-compliance
Lightning Source LLC
Chambersburg PA
CBHW060025100426
42740CB00010B/1602